私たちは生涯現役!

もし、77歳以上の波平が77人集まったら?

ブレインワークス編著

カナリアコミュニケーションズ

はじめに

創業してはや23年の月日が経過した。会社を始めたころ、シニアの知恵を活用する仕組みをつくり、中小企業支援に生かそうと考えて行動した。それがシニアジョブネットというサイトに繋がり、「梅さんの日記」というシニア情報配信のウェブサイトも立ち上げ、将来のビジネスの柱にしようとも考えていた。

しかし、起業のアーリーステージではそんな余裕はあっという間になくなっていく。それから10年近く、日本国内やアジアでのビジネスに奔走することになる。特にベトナムにおける無限に広がるビジネスの可能性に魅了された。その世界は日本の昭和30年代、そう、あの「三丁目の夕日」の世界が広がっていた。この風景に現代のシニアの姿がやけにマッチした。すでに現地で活躍している60歳を超えた人もいた。定年後、セカンドステージとして活躍している人はアジアにも少なからずいたのだ。現地の企業も日本のシニアの価値をよく知っている。そこで提唱したのが、「アジアでもう一花咲かせませんか？」だった。

国内では高齢化社会の進行で先行きの不安ばかりが募る。かつての人生設計は、定年後はなにもせず、孫と触れあい、旅行を楽しみ、つつがない余生を過ごすというビジョンがあった。

しかし、時代が変わった。人生60年時代が70年へと延び、そして80年、90年へと続いていく。老後のライフスタイルも変化してくる。余生ではなく、セカンドステージである。新たなことにチャレンジするアクティブシニアが増えるのも当然だろう。『生涯現役』という言葉で象徴されているが、すそ野はもっともっと広い。国内外問わず、シニアが元気に生活して働き、そして学び、教える。そんな環境を生み出すためには、各地のシニアがつながり、さまざまなアイディアや構想を具現化する場を提供したいと考えた。そこで、私たちが試みたのが「もし、波平が77歳だったら?」(2015年12月発刊)の上梓である。さまざまなシニアを取材させていただいた。生涯現役を貫く方や「人生五毛作」のチャレンジをし続ける方など、改めてその行動力に頭が下がる思いだった。書籍発刊後はセミナーを開催し、シニア団体との交流を活発に行った。海外視察も行い、勉強会、そして交流会と称した飲み会を数多く催した。正直、私のこれまでの人生を振り返り、これだけ多くのシニアとのご縁とお付き合いが増えるとは想像すらしていなかった。お元気で前向きな大先輩とお話していると、まるで駆け出しだった20代のころに戻ったようになる。もちろん、この方々の知恵や人的ネットワークがまた魅力的なのである。おかげで当社のシニアシフトはますます加速するばかりだ。

振り返ると、創業時から「老若男女多国籍」を標榜してきた。今ようやくその原型ができあがりつつある。当社で培った体験やノウハウ、そして成長し続けるシニアつながりを、もっと大きな繋がりに変えていくための第一歩を踏み出せたと確信している。日本は言うまでもなく、世界も未体験の時代に突入している。高齢化社会という誰も経験したことのない世界に日本が先頭をきって踏み込みつつある。日本のシニア、そしてシニア予備軍は高齢化が静かに進行する他の国の羅針盤として存在感を示せればよいと考えている。だからこそ、本書発刊のような試みを毎年続けたいし、ひとつのコンテンツとして成長させていきたい。シニア情報サイト「シニアジャンプドットコム」もオープンさせた。シニアが主役の生活を応援する情報ポータルとして皆さんに有益な情報をお届けしたいと思っている。そして、人生１００年時代を迎えつつある世界において、シニアが元気で楽しく活動できるプラットフォームづくりに貢献していきたいと考えている。

本書がシニアの皆さん、そして若い人たちの人生観に新たな刺激を与えることができたら嬉しい限りです。

株式会社ブレインワークス　近藤 昇

もし、77歳以上の波平が77人集まったら？／目次

順不同

写真で数々の賞を受賞　目標は１００歳で江差追分を歌うこと

平木タミ子　１９２１年生

人生とは面白いものですね。まさか自分がカメラを手に世界各国を旅することになるとは、若い頃には夢にも思わなかったことです。

私は大阪に生まれ育ち、天王寺女学校を卒業後は結婚し、京都で商売をしながら暮らしていくことになりました。様々な苦労もありましたが、幸いなことに何とかやってくることができました。

55歳の時に夫を亡くし、友人の誘いで民謡を習い始めました。65歳のときだったでしょうか、京都シニア大学へと入学することになりました。そのとき京都シニア大学のカメラ部がモロッコに旅行に行くと聞き、是非参加したいと思いましたが、それにはカメラ部に入る必要があると言われました。そこで家にあった簡単なカメラを持ってカメラ部に入り、モロッコに行きました。それがきっかけで写真に没頭することになります。写真を撮りに外国に訪れたのは50回以上。日本写真家連盟（ＪＰＳ）や二科会写真部に所属し、そこで数々の賞を受賞してきまし

作品が集められた自宅の部屋にて

た。京都市緑化写真コンクールで知事賞をいただいたこともありました。80歳のときのことです。65歳の手習いからここまで達成できたのは、写真家の小林文司先生、そしてご子息の賢司先生に30年も師事したおかげだと思っています。

写真撮影に訪れた国の中でも強く印象に残ったのはアフリカのケニア、タンザニアで、帰国後は「大地の風」写真展を開きました。それが話題となり朝日新聞や京都新聞に取り上げられたほか、地元テレビ局のKBS京都に出演したこともありました。アフリカで撮影したライオンなどの野生動物や現地の人たちの生活の写真は、引き伸ばして地元の小学校に寄贈してとても喜ばれました。

またこんなこともありました。森下仁丹・百年人生応援事務局が主催の「いきいきシニアク

アフリカで撮影したライオン

イーンコンテスト」（由紀さおり審査員長）が開催されたときのことです。全国から60歳以上の女性631人の応募の中から選考された20人がコンクール会場に集まるなか、私は民謡を歌い、クイーン、準クイーンに次ぐ審査員特別賞をいただいたのです。87歳のときです。

京都シニア大学では、病気で入院したとき以外は30年間無欠席で生涯学習を続けたということで、昨年に表彰状をいただきました。入学と同時に入ったカメラ部と書道部も30年になりました。その他社交ダンスも習っています。このような充実した第二の人生を歩むことができたのは、京都シニア大学のおかげであり、感謝しています。

最近では5年連続でＪＰＳの優秀賞を受賞するほか、他でも数々受賞してきましたが、カメラは少し休んでもいいかなと思い、今年は出展しませんでした。今後は温泉に行くなどして少しのんびりしようと思っています。

55歳から民謡を続けて40年以上になりますが、今は江差追分（北海道の民謡）を大江恒次先生から習っています。これが難しく20年続けていますが、なかなかうまく歌えません。100歳になったときに江差追分を歌いきるのが目標です。

私がこれまでの人生で大切だと考え、次の世代の人たちに伝えたいと思うのは次のことです。①自分が選んだ道、最後までやり遂げる②笑って朗らかに人生を送る③子供は教え導き教育をする④与えられた人生を大事にする⑤人に愛を与え感謝の気持ちを⑥老ゆるとも心は老いず⑦負けるが勝ち⑧ひと様を大切にし、いい人生をつくる⑨朗らかに品よく生きる⑩明るく楽しく機嫌よく、いいほうへいいほうへと考える。

Profile

大阪府出身　65歳からカメラを始め、JPSや二科会をはじめ、京都府知事賞、NHK京都放送局長賞など数々の賞を受賞する。民謡歴は40年で、現在は江差追分に挑戦している。

しょうちゃん77歳

内山尚三　1940年生

先日、孫がバイトをしているステーキハウスにて誕生日パーティ。係としてテーブルに来た孫が、今日はしょうちゃんの誕生日です皆さんもご一緒にと歌を始めました。周りの方たちがどの子が尚ちゃんかな…とそしてキャンドルの炎を私がフーとしましたら、なんだぁお爺ちゃんじゃんと声が上がりました。

そうなんです。私の呼び名は、兄弟が小さい時から尚ちゃんと呼んでいるのでその子供達、甥、姪、私の娘、孫たちがみんなが呼びます。そしてボーイスカウトの仲間も昔から兄がいたので名前がかぶらないように尚ちゃんです。

そんな訳でお爺ちゃんと呼ぶ人は居ません。この話を病院で話したら掛かり付けの内科の先生が若く振舞えるのは其のせいだと言われたことがあります。

プロフィールに書きましたが私は運が良く、大学で高分子を勉強し卒業時代にプラスチック原料の国産化が進み、最初に勤めた会社で自動車部品の製造会社、次に勤めた商社で灯油、ビール箱等で、いろいろな物がプラスチックに代わっていきました。景気もバブル期に入り、サラリーマン万々歳でしたね。

会社を立ち上げた時は、ホテルニューオータニがオープンした時期で、私の最初の大口得意先はグランドパレスでした。その時から円高が進み輸入品が有利になりヒルトンホテルに続き外国系のホテルが次々と進出してきて、マクドナルドがオープンし、この業界は花盛りでした。そしてディズニーランドがオープンして、多量の消耗品が使われました。

リタイアを考え始めたころからはホテルが停滞気味になり大変な時代に入りましたね。しかし、辞めた後に大変な円高になり輸入会社は何とかやり心配せずにいられました。心配ごとがないのが健康のもとだと思います。

余暇のボーイスカウトでは中高生とハイキング、キャンプ、遠征、海外交流え外国に派遣隊として東南アジア、オーストラリア、アメリカ等に行き貴重な体験をしました。46歳の時にミクロネシアのロタ島に行き体験ダイビングをして海中の神秘に引かれ、今でもダイビングでカリブ海、メキシコの西海岸に行きます。ボーイスカウトで海外派遣をする時、リーダー達の困る事は会社を二週間ぐらい休めない事です。

そこでボーイスカウトで休める様にと思い、自分の会社を起業したボーイスカウトのリーダーの方々を社員にして活動の休みを取れる様にしました。

健康状態は、歳相応の病気は有ります。白内障は手術で完治。前立腺は少し削ってよくなりましたが、現在は癌が見つかり2~3年後に手術予定です。あとは糖尿病ですが、薬でコントロール出来ています。甘いものが好きで焼酎のほうが良いらしいのですが、酒は飲めません。今もボーイスカウトの隊長であり、仕事は身障者介護でかなり体力を使い、特別な運動はせず元気でおります。元気の秘訣は運が良い事だと思います。

良い運が続くように徳を養っております。

3～4ヶ月に一回は海の魚を見ないと、冬場はプールで泳いでいます。親戚からは魚を見るのは水族館でいいでしょと言われました。

Profile

1940年生まれ。小学校6年生の時ボーイスカウトに入隊。大学で合成樹脂を勉強、就職は塩ビのシート会社。販売商社に移り灯油缶をプラスチック化、総合商社にてヤクルトの瓶をプラスチック製にし、32歳の時にボーイスカウトの先輩に面倒を見て頂き会社を設立。ホテル、レストラン用品、調理器具を輸入販売。JAL、ANAの珈琲デカンタを樹脂にして69歳でリタイアした後、介護の資格を取り現在は身障者の子供たちの介助をしています。

生涯現役で縄跳びのギネス記録を守り続ける

鈴木勝己　１９３８年生

私が縄跳びに出会ったのは約70年前の小学1年生のときでした。それは昭和20年の終戦直後のことで、疎開先から辺り一面焼け野原の東京に戻ってきました。空襲で焼け焦げた電線の残骸から出たゴムロープがあちらこちらに散らばっており、子供たちはそれで縄跳びをして遊んでいました。

その頃の私は体が弱く、担任の先生から勧められたのがきっかけで縄跳びを始めたところ、小学2年生のときに学校で行われた大会で、二重跳びを２０３回飛んで学校で一番となり、そこから縄跳びに没頭することになったのです。中学・高校では陸上競技部に属していましたが、トレーニングの一環として縄跳びを続けました。

余談ではありますが、明治大学に進んでからは陸上競技から離れ、当時、東京の大学で唯一なかった落語研究会を設立し、初代会長に就任しました。歳は離れていますが、後輩には立川志の輔、渡辺正行、三宅裕司などがいます。

大学卒業後はセメダインに入りましたが、縄跳びは欠かさず続けていました。そして、昭和50年5月29日にＮＨＫをはじめ80社が立ち会うなか、ギネス記録に挑戦し、1日に4種目の世界記録を達成しました。当時はまだギネスブックという存在があまり知られていなかったのですが、テレビとラジオで生中継されるなかでギネス記録を達成したことで、ギネスブックそのものが世界中に広く知られるきっかけとなったのです。

五重とび世界新記録樹立
第八回国際競技大会（アメリカ）

その後も記録への挑戦は続き、時間跳び（9時間46分1秒）、二重跳び（1万133回）、三重跳び（441回）、四重跳び（98回）、五重跳び（20回）、六重跳び（1回）という6種目のギネス記録は現在も破られていません。

ギネス記録の達成後は世間の注目が高まり、指導や講演等の依頼が殺到したことでセメダイ

ンを退職し、地元の不動産会社に所属しながら全国各地のイベントに飛び回ることとなりました。これまで訪れた学校は2300校を上回り、7000回以上の催しに招かれたのです。

病弱だった子供の頃からずっとトレーニングは続けており、記録をつけているだけでも中学2年生のときから毎日1万メートルを走り、累計すると40万㎞になります。月までの距離は38万㎞なので、現在はその復路の途中であり、いずれ往復の距離を走りきりたいものです。

体を鍛えていると体の仕組みについて興味を持つようになり、アメリカのサンフランシスコに渡り、カイロプラクティック大学で解剖学などを学びました。そこでわかったことは自分の体は骨格が小学校4年生程度の大きさなのですが、筋肉がよく発達しているということでした。それが縄跳びで突出した記録を達成できる要因ではないかと思いました。

また、縄跳びを飛んだり、指導したりするだけではなく、縄跳び技術開発研究所という会社を作ってロープの研究開発も行い、材質、寸法、グリップの柄などで13の特許を取得し、「鈴木式KSロープ」を商品化しました。

これまで縄跳びといえば子供の遊びというイメージがありましたが、現在では徐々に競技スポーツとして広まりつつあり、各地で大会も開催されています。私のギネス記録は現在も破られていませんが、今後破られることがあれば追いかけて挑戦するため、現在も毎日のトレーニングは欠かさず、毎朝5時から7時30までの時間は、30分のウォーミングアップにはじまり、

1万メートル走、片方10kgずつのダンベルによる筋力トレ、縄跳びなどを行っています。私の教え子の中からギネス記録を破る人間が出てくることになれば、こんなに嬉しいことはありません。

今後も国内外で縄跳びが競技スポーツとして広がっていくよう活動を続けていくつもりです。何歳になっても夢を持つことは大切です。まだまだ先になるかもしれませんが、いずれ縄跳びがオリンピックの競技種目になることを夢見ています。

何事も目標を持って諦めずにやり通すことが大事。例え目標に到達しなかったとしても、やり通すことでそこから色々なことが生み出されてくるものです。

チャンスは与えてもらうものではなく、自らつくるものではないかと考えています。

Profile

鈴木カイロクリニック院長
(有) 縄跳び技術開発研究所　代表取締役
1938年生まれ。明治大学政治経済学部卒業後、セメダインに入社。37歳のときに縄跳びのギネス記録を達成。セメダインを退社後、地元の不動産会社に所属しながら縄跳びの指導や講演を行う。

ものづくりの挑戦のこと。

立川俊一　1933年生

ボールペン、万年筆、鉛筆、サインペン、つけペンと筆記具は種類が多いが各々特徴があっても完全なものは無い。ボールペンは書いているうちにボタが出てきて汚い。筆のように太さ細さが出ないので味がない。万年筆は書く時にインクが乾いて書けない。鉛筆は鉛筆で手紙には失礼。サインペンはすぐに太くなる。つけペンはインク瓶が面倒くさい。我慢すればどれも使えるが妥協の産物である。祖父は昔、ペン先をイギリスから輸入していたのを大正2年に国産化に成功。戦後、父が独立しタチカワペンで全国販売。しかしボールペンの台頭で姿を消し今では生産量千分の一になった。今もマンガ家に使われている。工場では工業針、連結釘、ペン先を造っている。このような歴史の中で育ったのは何でも造ってみようと好奇心旺盛で83歳になった今でも欠点の多い筆記具を改良し図面を造り試作してものづくりに励んでいる。ものづくり補助金の申請もした。

●ゴルフで愉快なこと。

和歌山県にある橋本カントリーで今年から80歳以上の競技会とスーパーシニア選手権が誕生した。今までの競技会は60歳、70歳以上で80歳以上は無かった。日本の男子の平均年齢が80歳になったので当たり前かもしれないが何より名前がうれしい。スーパーシニア、スーパーと言われると何だか元気が出る。

今年一度、試合に出てみようかと思う。

●会社へは出勤しよう。

私は週3日、会社に出勤している。私の知っている人は96歳でまだ毎日出勤していて元気そのもの。ゴルフも出来る。健康の秘訣は外に出て話をする。歩くこと、仕事も出来れば最高。家でじっとしてテレビを見ている人は長生き出来ないかも知れないと思う。何時もその人を見習って長生きをしたいと思っている。

●文章を書くこと。

昔、大阪大手前ロータリクラブに入会した時、最初の役目が会報担当。クラブのことを書く訳だが原稿を集めて編集しA4で4頁、毎週発行した。例会は毎週金曜日だったので前日迄に印刷せねばならない、結構忙しい。会社の仕事、出張もあるので大変な時もあった。

今になって勉強になったと思う。この経験生かして会社でも週報を造りもう20年以上続けているので社史にもなっている。

会社の方は、役員会、販売会議、仕入会議、生産会議、朝令等々会議はいくらでもある。それ等をまとめて記事にして、またミーティングの記録も作成している。会社の週報を出すことで工場、営業所で情報の共有化が計られプラスになっている。

今はロータリークラブも二十数年在籍していたので退会時々OB会に出席し、旧来のメンバーと会って楽しんでいる。

●白髪染めをやめること

会長になってから白髪染めをやめることにした。不思議なことに頭の禿げたところから黒い毛が生えてきた。手にも足にも生えてきた。ストレスが無くなったからか、白髪染めが毛に悪かったのか、毎日飲んでいたジュースに小松菜を加えたのが原因か分からないが83歳で真っ黒な髪も夢ではないかと喜んでいる。

Profile

昭和8年11月13日　大阪市住吉区に生まれる。昭和31年　大阪市立大学　文学部社会学科卒業　鉄鋼問屋森下産業に勤務後、父の経営する立川ピン製作所に入社。昭和45年社長、平成27年会長に就任し現在に至る。立川ピン製作所は昭和18年に設立。本社、工場は三重県伊賀市、営業所は大阪、東京、名古屋他、従業員60名。製造品目は木工建築資材、文具製造販売。
趣味は旅行、ゴルフ、囲碁。

水を得た魚のような第2の人生

伊藤和子　1928年生

「光陰矢の如し」と申しますが、私が京都シニア大学に入学してから24年が過ぎました。充実した毎日が本当に時間を早く感じさせます。

1992年に6年間看病した夫が亡くなったときは、疲れ果てて声も出ない状態でした。落ち込んでいた私に2人の娘が心配して元気になるよう何でもいいから習い事をするよう勧めてくれました。「これからは自分の人生を歩んだら」と言ってくれたのです。

私は兵庫県の加古川市で生まれ育ち、姫路の女学校を卒業しました。結婚して京都に移り住み、夫が営んでいた西陣聚楽の帯の刺繍の仕事を手伝う毎日でした。何度も徹夜をして納品するという忙しい時期もありました。その夫が1992年に亡くなり、そこから第二の人生が始まりました。

1993年に京都シニア大学に入学すると同時に、いくつものクラブや同好会に入会しました。月曜は社交ダンス、火曜は京都シニア大学の授業、午後は同大学の書道、水曜はフラダンス、木曜は水墨画、金曜はコーラス、土曜はシャンソン、日曜は短歌と、一週間すべてに習い事が入る過密スケジュールです。それでも1日も休まず、水を得た魚のように生き生きと元気になりました。

府立文化芸術会館のステージでシャンソンを歌う

いきなり7つも習い事を始めたことで交友関係が広がりました。とにかくお誘いが多くなり、夜にまで電話がかかってくるほどでした。海外旅行もフランス、イギリス、イタリア、オーストリア、オーストラリア、ニュージーランド、シンガポール、ハワイなど数多く行きました。特にイタリアとフランスが好きで、両国にはそれぞれ5回も足を運びました。

習い事の中でも一番好きだったのがシャンソンです。府立文化芸術会館やシャンソンライブハウス・巴里野郎などで歌わせていただきましたし、イタリアに旅行したときには、現地のシャンソンライブハウスでプロの歌手と一緒に歌ったこともありました。

しかし、7年前に大きな交通事故に遭い、足を痛めたことで、現在の習い事は、コーラス、書道、短歌に限定しています。女学校時代から絵を描いたり、詩を詠んだりするのが大好きだったので、京都シニア大学に入学してすぐに短歌サークするに入会し、楽しく続けさせていただいています。

　また、京都シニア大学では学生理事を務めさせていただいています。この大学は１９７３年に設立され、創立44周年を迎える由緒ある大学で、そこの学生理事を拝命していることに嬉しく思うと同時に、責任の大きさに日々身が引き締まる思いでいます。

　何も習い事などする余裕もなく人生の半分以上を過ごしてきた私でも、いきなり7つの習い事を始めることができました。一歩踏み出せば何でもチャレンジすることができるのです。どんな人でも一歩踏み出すだけで私と同じく水を得た魚のような第二の人生を過ごしていただけると思っています。

Profile

京都シニア大学学生理事　兵庫県出身　60歳を過ぎてから７つの習い事をはじめ、充実した毎日を過ごす。数々の舞台でシャンソンを歌ってきた経験を持つ。最近は短歌、書道、コーラスを中心に行う。

下町の生産加工基礎技術力を強くする

杉浦守彦　１９３６年生

機械加工現場の技術力向上には、現象を正しく把握する観察眼と、それをバックアップする工学の基礎知識並びに機械加工の基本及び応用技術が求められる。

機械加工の現場に必要なのは基礎技術力

ものづくりには考える力と応用する力が必要である。考える力の基本は読み・書き・算術であり、基礎は数学・物理・化学・外国語である。その上に応用力を養うため機械加工学・材料力学・熱力学・機械材料学・電磁気学等の知見が必要である。現場ではこれらの基礎的な力を元にして、生産加工技術・設計開発技術などの固有技術と生産管理・品質管理などの管理技術を効果的に活用する。ものづくり技術のニーズはこの基礎技術力の底上げと強化にある。

良いものづくりのための生産加工技術

工作機械を使うものづくりに焦点を絞ると、良いものづくりの基本は、①加工精度の実現に工作技術を活用する、②計測技術を確かなものとする、③工作機械と切削工具を正しく理解する、④加工現場で統計的方法を活用する、⑤力と熱と誤差を正しくコントロールする、⑥加工現場のトラブルシュートを改善につなげることなどにある。

下町の機械加工基礎技術力を強くする

機械加工のノウハウを表面的に伝えるのではなく、生産加工技術の基本に立ち帰って科学的に実践指導する場を、㈱マテリアルの細貝淳一社長にご提供いただいた。基礎的な考え方は「機械加工における不適合をエンジニアリングの向上に活かすこと」に置き、そのために必要な技術力の底上げには定時間後にものづくり技塾を開講して実践指導を続けた。用いた方法論はFWテイラーの科学的方法に機械加工技術の最新の知見を折り込み、作成使用した自作テキストは現在592冊に達している。成果は着実に現れ、世界に通用する下町のキラリと光る工場への質的転換が図られつつある。

下町ボブスレープロジェクトの支援

ボブスレーの設計・製作に関する国際規格の構造基準の全文翻訳と解説を手始めに、下町ボブスレープロジェクトの技術支援を続けている。このプロジェクトに全て無償で取り組んでいる下町の工場の人たちの熱意と協力体制は実に見事であり、これからの下町のものづくり力の強化に大いに役立つと思われる。

杉浦技塾の狙いと成果（㈱マテリアル社長細貝淳一記）

私は学生時代、学校での経験で、勉強が追いつかなくなるとやる気がなくなり、向上心を失ったことがある。社会に出ると学ぶことも相談することも容易ではない人もいる。そこで会社にも同じことが起こる気がした。会社の中にものづくり技塾を作ることによって相談をしたり、学んだりすることで技術への不安が解消されモチベーションが上り、ものづくりの楽しさに繋がると思った。

杉浦技塾を開設して10年が経過し、国家技能検定1級を持つエンジニアが9人も出た。製品の不適合も大幅に減った。

杉浦守彦先生に出会い、思い描いた結果に結びついている。技術も大切だが人との出会いや関わり会うことも大切だと感じている。

Profile

生産技術 59 年の経験を生かしてものづくり中小企業の基礎技術力向上と活性化を支援。名古屋大学工学部機械学科卒業 石川島播磨重工業勤務（生産技術部長）フランス政府招聘技術留学（仏陸軍兵器中央研究所）中小企業大学校東京校講師 東京都エンジニアリングアドバイザー 神奈川県技術アドバイザー 杉浦技術士事務所所長。
資格：技術士、中小企業診断士、公害防止管理者

夢は、100歳で〝小林一座〟を立ち上げ、老人ホーム慰問

小林一郎　1925年生

私は八王子市で精密機械加工業を営んでいる。今もほぼ毎日、自宅の1階にある工場で、精密金型職人として働いており、毎月収入を得ている。

日野町（現東京都日野市）の農家の次男として生まれ、尋常小学校を卒業後、13歳で市内にあった時計会社の工場に就職。上司にあたる親方は、手取り足取りで教えてくれるわけではなく、時計部品加工技術を見よう見まねで覚えた。親方は時にはビンタをくらわして来たこともあり、15人いた同僚新人のうち7人が厳しさに耐え切れず、工場を去って行った。私は持ち前の負けん気で「なにくそ」と立ち向かい、工場内の機械はすべて修理できるまでになり、一目置かれる存在になり、「工場の医者みたい」と言われていた。

戦争が始まると時計工場が軍需工場に変わり、先輩たちは次々と戦地に向かって行った。そうした中で、空襲警報のサイレンが鳴ると急いで鉄兜を被り、工場の屋上に昇って、旋回する戦闘機を確認し、工員たちに防空壕に入る事を指示する任務にあたった。休みで自宅にいても、

これまでの製品を自宅併設工場で説明する小林一郎さん。

サイレンが鳴ると工場に跳んで行って工場を守った。危険手当もいただいたが、とにかく怖かった。徴兵検査で、心身ともに健康であると「甲種合格」し、終戦の年に入隊する予定だったが、その直前の8月15日に終戦を迎えた。戦争中は、工場の現場技術と銃後の安全を守るため、入隊ではない形で大切な任務に就いた。

終戦後、工場は社名を変え、元の時計工場に戻った。その後、技術を生かして、八王子市に工場を構え32歳で独立。多い時は20人の従業員を抱え、テレビの音響部品、鉄道駅の大時計の部品などを作る仕事を行うなどして、会社は順調に成長した。現在は、補聴器・自動車・教育機器の部品の精密金型を一人で製造している。自分の考え出した金型技術を売ることをしなかったから、今でも仕事が続いている。「小林さんしかできる人がいない」と、仕事が来ることを誇りに思っている。70代で独自開発した技術が現在の仕事に繋がっている。私には、この仕事が向いている。健康で長生きできるのは、仕事を続けていることにあったと思う。

私の興味や関心は仕事だけというわけではない。剣道、マラソン、狩猟、芝居などいろいろな趣味を持っている。また、八王子市交通安全協会にも長年携わり、地域の安全を守るために尽力して来た。現在は同協会相談役として様々な相談にのっている。

あと8年仕事をして、100歳になったら〝小林一座〟を立ち上げて、老人ホームを慰問するのが私の夢である。工場勤務時代は演劇クラブで「寛一お宮」や「三度笠」などを演じ拍手喝采を浴びた。今から30〜40歳の若い人たちに参加を呼び掛けている。「小林一座にはいりませんか」と、傘をかぶり、芝居衣装に身を包んだその当時の写真を見せながら呼び掛けている。

Profile

1925年（大正14）1月1日、日野町（現：東京都日野市）に農家の次男として生まれる。尋常小学校を卒業後、13歳で時計会社の工場に就職。32歳で有限会社小林機器製作所を設立。依頼、現在に至るまで、精密機械加工業に従事。長年にわたり八王子交通安全協会の要職に就き、現在は同協会相談役。趣味は、家族との旅行や芝居など。健康長寿の秘訣は、仕事の他、どじょうや玉ねぎを食べること。第二の人生の夢は100歳で「小林一座」を立ち上げ、老人ホームを慰問して廻ること。

老いて学んだ食文化

石中康彦　１９４０年生

60歳で定年退職、その後再就職し、70歳まで教育の仕事に携わりました。その後の計画は、神戸市シルバーカレッジに入学することでした。カレッジは、高齢者の経験を活かし、可能性を拓き、社会に貢献することをめざして学び合う生涯学習の場です。学習は、健康福祉、国際交流・協力、生活環境、総合芸術コースがあり、私の入学希望は、総合芸術コースの中の食文化専攻でした。食の基本である家庭料理ができるようになりたいと思ったからです。食文化専攻の入学倍率が高く、すぐには入学許可が下りません。年齢をあまり気にしない私ですが、3年目の願書提出時には、元気な間に入学させてほしいと思いました。3回目の落選の時、妻から「あなたの様な年寄りの入学を望んでいない証じゃないの」と言われましたが、あきらめず4回目の願書提出で、やっと入学許可が下りました。

私の子ども時代は、「料理は女性がするもの」というのが社会常識で、食べることは大好きでしたが、台所に入ることはなく育ちました。料理の基礎も知らなかった私が入学できたシル

再び訪れた学びの機会で人生を豊かにする美味しい料理を目指す

バーカレッジの講義内容・調理実習、指導者は素晴らしいものでした。2年目を迎える頃には、一緒に学ぶクラスメイトとの交流も深くなり、悩みも話し合える仲間となっていました。また、家庭では、妻と一緒に料理を作ったり、自分で作ったりすることで私なりに喜びを味わうことができるようになりました。

シルバーカレッジには、趣味を生かすクラブ活動の他、ボランティア活動があります。そのボランティア活動の一つ「クッキーの会」に入部し、月に一度、仲間と集まりクッキーを焼き、児童養護施設等に届けています。親の手作りの料理を味わえない子ども達へのプレゼント製作を今後も続けたいと思っています。

人間が、健康的な生活を送るためには、健全な食生活は欠かせないので、望ましい食習慣の形成は国民的な課題です。世界的規模のイベントである国際博覧会（万博）は、５年に一度開催されており、２０１５年に開催されたミラノ万博のテーマは、「食」でした。食文化、食育、食の安全、食糧問題が、世界中の重要な課題となっていたのです。こうした時代に食文化を専攻できたことを幸せに思います。日本の学校では、食育の推進が課題となっています。地域の産物を使っての独自の郷土食、伝統を引き継ぐ行事食の学習も大切です。シルバーカレッジのＯＢは、神戸市内の多くの小学校と連携して地域で育てた大豆を使っての豆腐作り指導のボランティア活動を続けています。微力ですが私も、豆腐つくり指導の支援をしています。

残された人生を長くはなく、徐々に体力、気力も失うでしょうが、人生を豊かにする美味しい料理を目指すと共に、次世代の食育に出来る限り関わっていきたいと思っています。

Profile

昭和15年（1940年）生まれ。昭和38年兵庫県公立小学校教員採用。国立小学校教員、海外補習授業校教頭を経て、兵庫県教育委員会指導主事、教育行政職、公立学校・海外日本人学校校長。定年退職後、兵庫県市町村教育委員会連合会事務局長。平成23年（2011年）退職。

野球を通じて広がる人の輪

厚木昭之　1933年生

私は現在83歳ですが、今も野球をやっています。さいたま市にある浦和還暦野球倶楽部に所属しています。

浦和還暦野球倶楽部は、1990年（平成2年）に将来の高齢化社会の到来を想定して、浦和市（現さいたま市）を拠点として発足した野球愛好者の会で、スポーツを通じて高齢者の健康維持をモットーに、「明るく楽しい生涯野球」を実践しています。健康で野球が大好きだけどプレーする機会のない人、野球選手としてだけでなく、「体力づくり」や「健康であることの幸せ」をしみじみと味わいたい人、プレーヤーとしてもう一度グランドで活躍を望んでいる人などが集まり、浦和GOBチーム（さいたま市朝野球連盟加盟）、浦和還暦チーム（年齢が59歳以上）、浦和古希チーム（年齢が69歳以上）の3チームで構成し、所属メンバーは50人を数えます。

私は静岡県沼津市の出身で、地元の高校を卒業したあと、定年まで郵便局で働きました。それまで野球経験はありませんでしたが郵便局の草野球チームに入り、そのままずっと続けていました。草野球の他には登山が趣味で、冬の３０００メートルを超える南アルプスや富士山にも登りました。

今から約15年前に定年退職して、娘の住むさいたま市に移住することになりました。私にとって縁もゆかりもない土地でしたが、この年齢でも野球を楽しめるところはないかと探してみたところ、浦和還暦野球倶楽部の存在を知り、加入することになりました。

加入から約15年となることで、今では事務局長という立場で倶楽部に貢献しており、私自身もキャッチャーのポジションで試合に出場しています。

もちろん楽しいだけではありません。現在では60歳を超えても仕事を持つ人は結構おられるので、平日の練習になかなか参加できない人もいれば、日曜も仕事で試合に出られないという人もおられます。年間80試合以上を行うことから、事務局長として出場できる選手の調整を行うことは簡単ではありません。

それでも浦和還暦チームは２０１１年以降連続で全国還暦野球大会へ県代表として出場したり、浦和古希チームが２０１２年以降連続で全国古希野球大会に県代表として出場したり、埼玉県をはじめ主に東日本各地の大会で優勝するなど、チームの活躍はめざましいものがあります。

また、野球以外でもトレーニングを兼ねてスイミングもやっており、アテナマスターズの大会では大会新記録を出しました。

どんなことにも言えることですが、取り組んでいたことから一度遠ざかってしまうと、再び始めることは難しくなります。無理せず地道に長く続けることは大事だと考えています。私も野球を続けてきたことで、定年後に引っ越した縁もゆかりもない見知らぬ土地でも、野球に没頭することができます。体が続くかぎり生涯現役でやっていきたいと思っています。

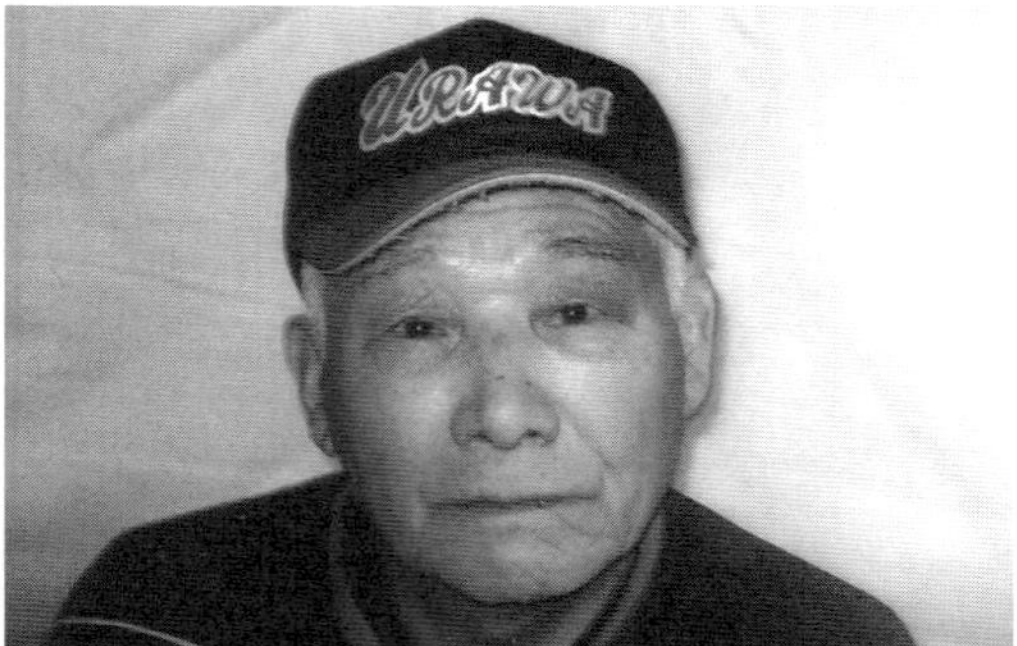

Profile

静岡県出身。地元の学校を卒業後、郵便局に就職し、草野球を始める。定年退職後、さいたま市に移り住み、浦和還暦野球倶楽部に所属。現在は事務局長を務める。

自然体で、ありのままの自分を楽しむ人生

田村セツコ　1938年生

プロのイラストレーターとして描き続けて50年以上になりますが、ベテランになった今でも新人のときの気持ちで仕事を続けています。私は美術学校を出たわけでもなく、子供の頃からただ好きで絵を描いていただけでしたが、それを仕事とすることができ、夢のような生活をずっと続けているという感覚です。

高校生の時に挿絵画家の松本かつぢ先生の絵に惹かれ、手紙を書いたらお返事をもらい、そこから先生のところに通うようになりました。高校卒業後は銀行に就職しながら絵を描いていましたが、小さな仕事ですが徐々に数が増えていき、お昼休みや夜に描くのでは追いつかなくなり、思い切って銀行は辞めることにしました。

何の保証もない世界に進むことについて公務員だった父をはじめ家族は賛成しませんでしたが、「後悔しない」「経済の負担をかけない」「愚痴は言わない」という3つの誓いを立てて、この世界に飛び込みました。

独立して最初の2年ぐらいは大変でしたが、あるときユーモア小説の挿絵作家が急病になり、当時の編集長から連絡があって明日の朝10時までにイラストを仕上げてほしいと。私は二つ返事でお引き受けし、徹夜で仕上げました。その号が発売された途端、あちらこちらから連絡が入り、同じようなイラストを描いてほしいと。それがイラストレーターとして飛躍する転機となりました。そこから忙しすぎてやせるほど頑張ったこともいっぱいありました。

当初は銀行員をやりながら好きで描いており、その延長線上でやってきていますから、ベテランになった今も新人のままの気持ちで、どんな小さな依頼でも引き受けています。仕事への取り組み方はまったく変わっていませんが、年齢と共に依頼される内容がおばあさんをテーマにした本が多くなってきているようです。

私にはこれといった抱負や目標はありません。年齢や世の中の動きに関係なく、自然に身を任せながら、ありのままの自分でいようとしています。私は昔からおばあさんに憧れていました。おばあさんは何でも知っています。物語に登場する魔法使いはいつもおばあさんですよね。おばあさんの経験や知恵は魔法なんだと思います。

これから新たな人生を歩もうとする人に伝えたいことは、何事も経験することでしょうか。『不思議の国のアリス』のように人生を冒険だと考えると、嫌なことも「なるほど」と思うようになります。じっとしていると悩んだり、考え込んだりするので、まずは出かけてみることです。若いときは散歩と言ってもただ歩いているだけでしたが、今はいろんな人々が目に入ってきて、気づきがあります。一生懸命働いている人とか、頑張っている人。町には先生がいっぱいいて、それが全部自分の励ましとなります。

私はわざとスマートフォンを持たずに、場所がわからないときなどはすぐに人に聞くようにしています。知らない人と話をするだけで世界は広がり、人の優しさに心が温まります。格好つけずにありのままで飛び込んでいけばいいと思います。

そして、私は紙と鉛筆が友達で、何でもメモして日記帳に貼り付けています。後でそれを見たときに、良いことが書いてあれば嬉しく思い、困ったことが書いてあれば無事を喜ぶ。すべてのことをエンジョイするのが人生の秘訣ではないでしょうか。

Profile

イラストレーター・エッセイスト。東京都出身。高校卒業後、銀行員を経てイラストの世界に入る。1960年代に『りぼん』や『なかよし』の“おしゃれページ”で活躍。1970年代には全国十数社と契約を結び“セツコ・グッズ”で一世を風靡する。詩作やエッセイも手がけ、著書多数。サンリオの『いちご新聞』では1975年の創刊以来、現在もイラスト&エッセイを連載中。「おしゃれなおばあさんになる本」興陽館より新発売！

人が喜こぶ姿を見て自分が喜ぶ。それが大事。

渡邊一雄　１９３６年生

思えば、たくさんの経験をさせていただいている。大学や企業、社会福祉協議会などの諸団体からもありがたいことに、お声をかけていただき、講演をさせていただいている。高齢者センターでの「なべさんの元気湧くわく講座」の講師ほか、年間１００回以上の講演で全国を飛び回らせていただいている。そのうちほとんどはボランティアである。

現役で社長をさせていただいていた頃は、ボランティアなんて偽善だと思っていた。しかし妻を亡くし息子も失い、独りぼっちになるとわかるものもある。

上梓した「77歳のバケットリスト～人生いかによく生きよく死ぬか～」（はる書房）は、近年の私なりの哲学を集約したものです。

「バケット」とは、バケツではなく、棺おけという意味です。「バケットリスト」は人生の最期を迎えるまでに、やっておきたいことを書き出したリストのこと。よく遺言と間違われますが、年齢関係なく、いつでも自分の人生は見直せるし、大事なものを捜すことができれば、本当の喜びというものを実感できるものです。

トランプ氏のことを色々言う人も多いですが、私は逆に質問したいです。「あなたは何をしましたか？」と「今、あなたが出きることは何？」「何がギブできますか？」文句を言う前にまず、自分に問わなくては。肩書きはいずれなくなるものです。

三菱セミコンダクターアメリカ社長時代に、フィランスロピー（社会貢献）と出会い、帰国後も活動を続け、退職後は岩手県立大学教授、川崎医療福祉大学教授などでフィランスロピー論の講座を持たせていただき、活動の普及に努めています。東大付属病院にて、にこにこボランティアや特別養護老人ホームの施設長もさせていただいています。

ボランティアをやってみるとボランティアのやりかたに問題があると気がつきます。中には、ボランティアを自慢したり、逆にボランティア同志がぶつかり合ったり、女性の参加はスムーズでも、男性の参加は少ないですね。男をどうやって地域社会に出していくのか…これは、私のテーマとして講演しています。

ホームで、長命会という会が開かれますが、日本は世界で初めて長高齢社会に入っているのです。もっと自分の生き方を見直し、どうやって長生きしたか？　より長生きして楽しいか？と聞かれてうなずけるような生き方を目指してほしいと思っている。長命より長寿（＝喜び）

にしたいと考えるわけです。

そして、８０２０運動などと聞いたことがあると思いますが、歯のことではありませんよ。大事なのは、良い友を持つことです。妻を亡くし、息子もいなくなると、むしろ親戚よりも友人との関わりが深くなってきました。

遠い親戚よりも近くの他人。

そこで、８０２０。80歳で20人の友達を持つ。私は、歯よりも大事だと思います。良き友達を持っている人は幸せです。いい友達を持つには、自分が何かギブしなくちゃいけない。誰かがしてくれるわけではありません。

今日、寝る時に何人を喜ばしたか、振り返れる一日を過ごしていきたいですね。

Profile

1936年生。一橋大学法学部卒業。マサチューセッツ工科大学スローンスクール卒業。三菱電機に入社後、三菱セミコンダクターアメリカ社長等をつとめ、退職後、岩手県立大学教授、川崎医療福祉大学教授、日本社会事業大学特別客員教授としてフィランスロピー論を講じる。その後、奉優会特別養護老人ホーム施設長、東大附属病院にこにこボランティア代表世話人、日本福祉囲碁協会会長をつとめ、社会人落語家三遊亭大王として活動。

定年後を振り返り、喜寿を迎え　今!!

磯　竹栄　1939年生

今、振り返ってみれば、数多くの転換点がありました。定年後は自分に何が出来るか、何がやりたいのか、自問自答の日々が続きました。在籍中満55歳になると箱根研修センターに召集され2泊3日の社内ライフプランセミナーが開催されました。

この時、紹介された講座が「健康生きがいづくりアドバイザー」の資格取得講座でした。健康生きがいづくりアドバイザーは、健康生きがいづくりを企業や地域で専門的に支援するコンサルタントであり、他の機関や専門の職種などをつなぐコーディネーターとしての役割を担っています。これぞ定年後、地域の中で活動するうえで、役に立つものと確信し、「アドバイザー養成講座」の受講を決め、資格を取得しました。地域活動や仲間づくり、生きがいづくりの知識、ノウハウなどを学び、大勢の仲間を得ました。

そして、同志により、１９９５年6月に「ときめきらいふクラブ＝現在のＮＰＯ法人ときめきライフ埼玉」を設立し、地域活動のスタートを切りました。毎月の集会を重ねること半年が

第17回中高年いきいき講座スタッフ・出演者記念写真

経過し、次第に活動分野、方向性が見えてきました。

その目的を「元気高齢者づくりに関与し、サポートすること」と決まりました。これに関連して、地域の中で高齢者向けにイベントや施設見学、ハイキング、ゴルフなどを企画・開催・運営することになりました。イベントでは「中高年いきいき講座」と題し、健康づくり、生きがいづくり、仲間づくりをキーワードに展開し、その主なテーマは、老いへの挑戦～生きがいと社会参加～、地域の中で元気高齢者づくり、認知症予防、人生100年・すべての世代に居場所と出番～ニュースポーツの集い～など、毎回150名前後の参加者が集まります。毎年1回、現在までに計20回の開催となりました。

こうした活動を通して、仲間と一緒にやる事が、自分自身の生きがいであり、自分のために活動を行っています。その結果として社会貢献に繋がっていければと考えています。

また、義母の入院先の介護人との出会い「他人に関する振る舞い」「接し方」などを身近に見て、「家族のため」「他人のため」になることの大切さを痛感し「ホームヘルパー2級」資格を取得しました。福祉関連の知識、食事介助、おむつの取り換え、衣服の着替え、ベッドから車椅子への体位移動など、および介護施設の実習（4日間）など4ヶ月の勉強をしました。

現在は、一般財団法人健康・生きがい開発財団（エーザイ株式会社　内藤晴夫社長が理事）に非常勤勤務して、「健康生きがいづくりアドバイザー」資格取得のための養成講座を担当しています。全国に5500名の健康生きがいづくりアドバイザーが、各地域や企業の中で活動をしています。

一方、地域社会では、ホームヘルパー2級の資格を利して、所沢市社会福祉協議会の「地域福祉推進計画」策定、地域福祉推進活動に関連して「地域福祉推進会議」や「社会福祉協議会基金運用委員会」のメンバーとして、2006年6月〜2015年5月の10年間にわたり携わってきました。

また、健康生きがいづくりアドバイザー資格取得の講座で学んだ知識、ノウハウを活かし、公民館や地域のコミュニティセンター、企業などで「テーマ：健康生きがいづくり、仲間づくり、地域参加、健康づくり、企業ライフプランなど」の講義・講演活動を行っています。多くの仲間と接し、新しい発見があり、そこに喜びと幸福を感じ、充実した生活を送っています。

傍ら、卓球を続けています。生涯スポーツとして、大変よいツールと言えます。また、妻と共に、ゴルフや海外旅行も楽しみの一つです。日曜日は、妻とゴルフ練習場へ通い、100〜

160球を打ち込んで、いい汗を流しています。また広大なゴルフ場で緑を満喫しながら一日を過ごすことの楽しさ、感動の数々、心のリフレッシュに最適な素晴らしいスポーツです。その中で、2006年4月21日、富岡CC13番ホール（137ヤード、7番アイアンで打ち）でのホールインワン達成の瞬間は、生涯印象に残る一つとなっています。

喜寿を迎え、身体のケアが欠かせない年齢になり、健康に注意しながら日々を過ごしています。日常生活では、妻と一緒に、朝5時30分起床、近くの公園で2～3㎞の散策、ラジオ体操、ストレッチを行い、1時間の汗を流すことが日課になっています。身体と心の健康は、これから夫婦2人で楽しく・幸福に暮らす上での必須条件となります。

「手鍋下げて50年」（金婚式3年前）夫婦2人3脚で頑張って行きたいと思います。

Profile

平成11年9月エーザイ株式会社定年退職。平成12年ときめきらいふクラブ会長就任（現NPO法人ときめきライフ埼玉理事長）。平成12年3月財団法人健康・生きがい開発財団非常勤勤務、現在に至る。その他、東京医薬専門学校、彩の国いきがい大学、東亜建設工業㈱ライフプランセミナー、生きがい支援アドバイザー養成講座などで講師を担当したほか、所沢市社会福祉協議会「地域福祉推進会議」委員なども務める。埼玉県所沢市在住。

農業は趣味でも仕事でも第二の人生の選択肢にできる

廣内一郎　１９３６年生

５畝《せ》の畑で野菜を作っています。５畝というのは一反《いったん》（３００坪／９９０㎡）の半分の大きさです。秋から冬にかけては白菜、大根、ブロッコリー、ほうれん草。春から秋にかけてはイチゴ、トウモロコシ、サツマイモ、黒豆、小豆など、季節ごとの旬の野菜を育てています。

私は１９３６年に兵庫県丹波市に生まれ、１９５４年に地元の柏原高校を卒業後は神姫バスという兵庫県下では最も大きいバス会社に就職しました。主に添乗員をしており、近畿・北陸・中国地方の主要な名所のほとんどに訪れたことがあります。

１９９６年に定年退職後は、しばらく地元自治会の役員や民生児童委員をやりました。仕事をしているときは、ほとんど地元地域のことに目を向けることができなかったので、地域のための恩返しのつもりで取り組みました。

そして冒頭に述べた畑仕事です。５畝の広さですから、収穫した作物は自分たちで食べる以外に、親戚や知人に配る程度です。それでも無農薬野菜ですから、とても喜んでもらえるのが楽しみの一つです。

畑をやっていて特に楽しいのが、種まきと収穫です。種まきは日々勉強です。昨年と違うやり方を試してみるなど、いろいろと考えながら行います。それが実りを迎えるときには本当に嬉しくなります。

畑仕事以外では地元老人会の役員もやっています。丹波市老人クラブ連合会に加盟する山南町老人クラブです。活動時期は主に4月から11月で、グランドゴルフ、研修旅行、健康教室、料理教室などを企画し、会員に連絡する役目を担っています。老人会の趣味の会では、囲碁、刺繍、書道などもあります。

個人的な思いとしては、若いときにはほとんど仕事中心の生活だったので、何か熱心に取り組める趣味があったら良かったと、今となっては少しばかり後悔しています。定年退職すると手持ちぶさたになるものです。私の場合は、元々家に畑があったので、今は畑仕事が趣味のようなものです。

畑を持っていなくても、農村に行けば後継者不足で、耕作者のいない農地がたくさんありますから、いくらでも貸してくれます。私のような5畝程度の畑であれば、小さなトラクターさえあれば簡単にできます。もう少し大きく、一反以上の農地を借りれば、ちょっと大きな機械が必要になりますが、立派な副収入が得られます。特に丹波は黒豆や小豆が全国に知られる名産品となっていますから、収穫物の数さえ揃えれば、農協が販売してくれますし、個人で販売しても十分に売れると思います。

これからさらに年金の支給時期が繰り上げられることも予想され、そうなってくると定年退職後の再就職は、それぞれの人にとって深刻な問題となります。私も経験しましたが、定年後の再就職となると、色々と気を遣うことがあると思います。様々な職種の人たちが集まってくるのだから、培ってきたそれぞれのプライドなどもあって、人との折り合いも大変です。

しかし、畑仕事は気を遣うこともなく、のんびりとやっていくことができます。定年後の第二の人生で畑仕事をやってみるというのも、特にこれからの時代、一つの有効な選択肢となるのではないでしょうか。

Profile

兵庫県出身。昭和29年に柏原高校を卒業後、神姫バスに入社。平成8年に定年退職し、民生児童委員や自治会役員を務めたあと、畑仕事をやりながら、山南町老人クラブの役員を務める。

生涯現役の秘訣は好きなことを仕事にしたこと

鈴木治彦　１９２９年生

子供の頃は体が弱かったので、ここまで長生きするとは思いませんでした。周りにいた人たちも同じように思っていたことでしょう。

私は１９２９年に神奈川県藤沢市で生まれ、地元の小学校に通っていましたが、あまりに病気がちだったので、体の弱い子だけが集められたクラスのある学校に移ったほどでした。ところが中学に入るとめきめきと丈夫になり、歌舞伎研究会と放送研究会に入り、学校の授業そっちのけでのめり込みました。

中学から大学まで慶應で、歌舞伎と放送に夢中の学生生活を送り、大学卒業後はアナウンサーの仕事に就きたいと思ったところ、ＮＨＫに入れば最初はみんな地方に飛ばされ、なかなか戻ってくることができないと聞いていましたので、家族の反対もあり、当時転勤のなかったラジオ東京に入社することになりました。現在のＴＢＳです。当時は採用人数も少なく、８００人ぐらいの応募があるなか、アナウンサー試験を通過した同期は男５人、女３人でした。

相撲が好きだったので、入社後に相撲を希望したら、そこからずっと相撲放送をやらされることになりました。相撲放送を仕事の柱に、その他「舞台中継」、「ディスクジョッキー」、「寄席番組」などを担当しました。１９６５年にはテレビのワイドショー「土曜ロータリー」「土曜パートナー」のサブ司会兼リポーター、世界初の四元衛星中継「いま世界はあける」の総合司会、１９７１年からは13年間、朝のワイドショー「奥さま８時半です」のメインキャスターを務めました。

昭和59年に定年退職したあとは、フリーキャスターとして民放各社（「おもいっきりテレビ」「土曜スペシャル」など）をはじめ、ＮＨＫ（「男の食彩」「ステージドア」など）に出演した他、ＣＳ・歌舞伎チャンネルなどに出演しました。

それ以外では、歌舞伎教室の講師やトークショー、ジャズのプロデュースや司会、ハワイアンの司会などを行いました。

現在も月に３回ほど北は北海道から南は九州、沖縄まで講演に行きます。常に持っている講演テーマは30以上もあり、最近では「心も健康、からだも健康、生き生き人生のすすめ」、「心をひきつける話し方とは……」などが人気です。自らの経験から具体的な例を示してお話しすると、みなさん熱心に聴いてくださいます。旅をするのと、食べることが好きで、「食べ歩き手帖」を自分で印刷して作って持ち歩いています。また、今年も７月にハワイアンのコンサートの予定が決まっています。

とにかく好きなのが相撲と歌舞伎ですが、親が好きで7歳から劇場に連れて行かれていた影響から宝塚も歌舞伎と同じぐらい好きで、今でもよく劇場に足を運びます。アナウンサー時代はトップスターの鳳蘭さんと対談しました。もちろん歌舞伎も数々の俳優さんとトークショーやインタビューをしてきました。相撲では貴乃花（若貴兄弟の父）の断髪式も経験させていただきました。

相撲、歌舞伎、旅行、食べ歩き、と趣味を仕事に取り入れ生かしていくという方法でここまでやってきました。生涯現役でいることができる理由は、好きなことを行い、好きなものを食べ、適度に運動をすることだと考えています。司会や講演は仕事ではなく、ただ好きだから続けているということです。

Profile

慶應義塾大学を卒業後、ラジオ東京（現 TBS）に入社。相撲放送を中心としながらワイドショー「奥さま8時半です」など数々の番組で司会を務める。定年退職後はフリーキャスターとして民放各社やＮＨＫに出演。その他歌舞伎解説やトークショー、ジャズやハワイアンの司会などで活躍。著書は「アナウンサーの独り言」、「宝塚に愛をこめて」など多数。

和太鼓サークルを立ち上げて25年　仲間の輪の広がりに感謝

村下克利　１９３８年生

タンタン　ウ　タン　ウ　タンタン

これは和太鼓の口唱歌と言って、和太鼓には楽譜がないので、リズムを言葉にして覚えるのだ。今から25年前、私が53才の時、呼びかけ人の一人として、豊中に和太鼓サークルを立ち上げた。日本の各地に受け継がれている伝統芸能の和太鼓や踊りを学び、次世代に伝えていきたいと熱い思いを持ち結成した。傑出した個人の指導者に頼らずに、集団の指導体制「演技研究部」と「運営委員会」の両輪が「落ちこぼれの無い、ファミリー的な暖かい雰囲気のサークルづくり」を目指し、豊中和太鼓サークル「鼓舞子」として、この25年間を着実に歩み続けた。

私個人は初代事務局長として、組織作りに奔走した。70才の時、心筋梗塞にかかり、カテーテルで心臓の動脈の閉塞部分にステントをいれて、九死に一生を得た。それから七年間は演奏者を諦め運営委員として係わってきた。

我がサークルが２０１６年11月に25周年記念祭を市立アクア文化ホールで開催するにあた

鼓舞子２５周年記念祭

り、再び演奏者として出演したいと思い、15演目のうちの一演目（うすずみ太鼓）にみんなの暖かい支援を受けて取り組むことになった。久し振りに叩く太鼓の心地よい響き、通い合う心、楽しい練習のひと時を過ごすことが出来た。

小・中・高校時代の同期生には最後の舞台になるかもしれないと言って20人余に観覧してもらった。舞台は4才の女の子から78才の私まで総勢43人が、太鼓は秩父屋台囃子、和知太鼓、小倉祇園太鼓、三宅島太鼓等、踊りはエイサー、阿波踊り、八木節、さんさ、そして南京玉すだれ等々、15演目を熱演した。アンコールには河内音頭を披露し、カーテンコールの拍手の嵐のうちに成功裡に終えた。公演後、友人たちから「元気をもらった」「素晴らしく感動した」と賛辞をうけ、出演してよかったと…。これからも演奏者としてもサークルの活動に参加していけると自信を得た。

和太鼓を通して、今まで沢山の人々とご縁を頂き、仲間の輪が広がっている。我が豊中市にも和太鼓サークルが七チームも出来て、年一回の豊中和太鼓祭りを野外音楽堂で開催し交流を深めている。

私は現在、週一回高齢者大学で学び、月三回は謡曲の会で謡い、月一回以上は麻雀で頭を回転させ、月十日以上はスポーツジムに通いマシンとプールでリハビリとトレーニングに励んでいるが、これは何よりも妻の献身的な協力とプロの和太鼓奏者の息子の支えがあってこそだと感謝している。

あと何年和太鼓の演奏活動が続けられるかわからないが、一日一日精進していきたい。

さあ、次は八丈島太鼓に挑戦しよう。

ス　ドーンコドーンコドン　ス　ドーンコ　ドン

鼓舞子 25 周年記念祭、うすずみ太鼓に出演

Profile

昭和 13 年２月 19 日生まれ　昭和 31 年３月府立豊中高校卒業。
昭和 32 年１月豊中市役所に勤務、平成 13 年３月退職
平成３年（1991 年）５月豊中和太鼓サークル「鼓舞子」を結成。平成 20 年（2008 年）まで事務局長を勤める。
平成 29 年現在は運営委員として参加。

時代を感じ、お金をかけずアイデアを出す

富田敏夫　1939年生

今、最も力を入れていることといえば音楽になります。音楽というのは中学時代から続けているジャズのギターです。つい先日も現代バレエのライブで音楽を担当し、自分で作曲した音楽を演奏しました。私は中学の時にジャズのナットキングコールを聞いて感動し、自分もギターを演奏してみたいと思い、ギターを買って独学で始めました。以来、現在までギターは続けています。月に2回はライブをやっていまして、メンバーはみんな60歳以上です。これをやっていると女性が歌わせてほしいと言ってくるので、どんどんメンバーが広がっていきます。

最近チャレンジしたのは前述の現代バレエでの作曲です。踊りが入るのでテンポを意識しないといけなかったことから非常に難しかった。しかし、終わってみれば大好評でした。

さて、多少は仕事の話もしておきましょう。

私が手掛ける陶器の仁秀は、御室桜の名所として名高い仁和寺御用達となっています。現在、陶器の99％は自動鋳込み、転写印刷により量産されています。機械で作られた陶器ばかりだと

個体差がなく面白みがありません。手造りの陶器が世の中から消えつつあるなか、日本の良い陶器を継承していきたいという思いで取り組んでいます。仁秀は「手造りの器」のみを、認定名匠の「ろくろ手挽き」により、一客一客製作しています。

手造りの陶器を残したいと言うのは簡単ですが、一個数万円もする器だと、消費者はなかなか手が出ません。今の時代はお手頃な値段でなければ売れません。売れなければ残していくこともできないのです。安くて格好の良いものは売れます。そこに挑戦したのが仁秀です。ブライダルカタログの陶器部門では一番になっています。

私は商売というものは難しくないと考えています。商品作りは難しくありません。私が手掛けたものは当たってきました。大会社でも気がつかないことがいっぱいあります。目の付け所さえあれば成功するのです。商売で成功している人はみんな同じことを考えているのではないでしょうか。物には売れる方程式があると思うのです。

有名な大企業を定年退職した人を何人も知っていますが、退職後は挑戦せず、こじんまり生きている人が多いように感じます。ビジネスで失敗している人を見ているので、退職金の多くを失うのが恐い。それはわかります。日本では商売をするのが難しくなってきています。安い商品が海外からどんどん入ってくるので勘定があわなくなり、追い込まれていきます。だから退職金と年金で静かに余生を過ごそうとする。

このような時代に必要なのは、お金のかからないアイデアを出すことだと思います。私はかつてアダムアンドイブというブランドを立ち上げて、それまでにないモダンで先進の食器で一世を風靡し、陶器の世界で新しい価値を生み出しました。時代の流れを読むということをよく言われますが、それでは遅いと思います。私は常に時代を感じるということを意識しています。歳を重ねてもそのあたりの感覚は大事にしています。

最後に音楽の話に戻りますが、私にはこれからやりたいことがひとつあります。それは、家族を失ったり、大切な人を失ったりして、辛く寂しい思いをしている人に音楽で癒やしを与えられないか、ということです。どこまでできるかわかりませんが、そういう音楽を作って、演奏していきたいと考えています。

Profile

1978年　株式会社たち吉・代表取締役社長就任
1982年　株式会社アダムアンドイヴコーポレーション設立
1987年　株式会社アダムアンドイヴニューヨーク設立
1988年　株式会社レナウンとの提携によりMENS FASHION「toscio tomita」を発表
1992年　富田敏夫　WGC主催のゴールドジュエリーデザインコンペで優勝

これからの人生は魚食普及に取り組む

鈴木たね子　1926年生

一寸した選択の違いによって人生の方向が思わぬ路に進むことがあります。私は薬学を専攻（戦時中医学系の学生は勤労動員を免れたため。後には医学系も動員されました）したので製薬会社に就職することを望んでいました。第2次世界大戦の終戦直後のことで、思うような就職口は見つかりません。その後、知人の紹介があり当時の農林省に所属していた水産試験場に就職出来ました。

1947年12月、連合軍最高司令官は占領政策の一環として、漁業生産力を把握するため、水産業及びその調査機構の検討を行いました。これによって機構改革があり、水産試験場は8つの海区に分けられ、私は長崎の西海区水産研究所に赴任しました。

それから数年後、東京の東海区水産研究所にもどり、1986年に退官しました．何と38年間も魚介類の成分や、新しい利用方法の研究をしていたことになります。私が最初望んでいた製薬の分野とは全く違うことで人生の長い年月を過ごしてしまいました。

退官後は大学や短大で、食品学と栄養学の講義を受け持ちました。機能性食品学というような新しいジャンルで講義を構築したいと思いました。そしてそのような教科書を執筆しようとする夢を持ちながら、日常の雑事にまぎれて達成出来ず30年が過ぎてしまいました。

今、世の中では何を食べると健康に良いとか、アンチエイジングになるとかの情報に溢れています。私の周囲にもサプリメントに毎月何十万円も支払っている人がいます。そのようなサプリメントは科学的に検証されたものもあれば、昔からの言い伝えのようなものもあります。

私は昨年90才になりましたが、健康に恵まれ元気に仕事（著作、講演、講義）をしています。これは魚食の効用です。毎日ではないですが2日か3日に一度は魚介類をメインのおかずにしています。すでにご存知の方が多いと思いますが、魚介類の中のアンチエイジング成分はオメガ3脂肪酸やビタミンD、また、畜肉、鶏肉に劣らない必須アミノ酸を含むタンパク質が豊富です。私の長い水産研究生活がなによりも実証しています。

現代の若者の多くは魚嫌いといわれていますが、居酒屋さんでの飲み会では若者も結構、魚を食べています．多分家庭で魚料理が面倒なのでしょう。我が家の孫娘達は魚好きです。多分、幼少の頃から魚を食べさせていたからでしょう。もう一人の家族、我が家には10才を超えた元気な黒猫がいます。勿論彼女は魚しか食べません（笑）。

昨年90才になったので、少しのんびりと好きな歌舞伎の観劇や、好きな動物とふれ合う旅、そして一向に上達しない囲碁もやりたいと考えることがあります。しかしやはり、これからの残りの人生は、魚食普及に捧げたいという『志』を持って生きてゆくことに血がさわぐのです。

2016年の私　魚を食べてアンチエイジング講演

Profile

東京に生まれる。農学博士（九州大学）、水産庁東海区水産研究所　生物化学部長を最後に退官、日本大学生活環境学科長、国際学院埼玉短期大学教授、現在国際学院埼玉短期大学客員教授，お魚マイスター協会講師、日本水産学会名誉会員、
主な著書　「魚と付き合う健康法」（農山漁村文化協会）、「なぜ魚は健康にいいと言われるのか？」成山堂書店。

新国土創生に向けて

谷　建六　1939年生

私は入社した会社での初仕事（1967年）が「電子点火機器」であり、大学の卒論で「雷の発生」に取り組んだことが役に立ち、早速にも「雷の放電現象」をベースとして、試行錯誤の結果、ディスポライターの事業化に成功した。

この間、ライター業界の市場調査、製造のライフサイクル、マーケットシェアー、ポートフィリオ等の分析を実施し、結果として世界初の『電子ライター』を誕生させ、世界のトップシェアーを獲る事ができた。

この事からマーケティングの重要性、需要の創造が如何に大切かであることを学び、その後の事業化に大きく役立っている。雷サージ対策品（ZNR）も現在多くで役立っている。（大河内記念賞、日刊工業新製品賞、特許庁長官賞等受賞）

超音波センサーが（TVのワイヤレスリモコン用等）の要求として高まった1968年に、

アメリカのプエルトリコの会社がPATを保有していることが分かったため、遠路先方の会社を訪問して、国際特許の供与を依頼したが拒絶されてしまった。米国のGEのTVにも使用されており、何としてでも開発が必要なために、帰国後、ネズミや、山口県の秋芳洞のコウモリや、水中のイルカの超音波を調査するなど、さらに、PATに接触しない新規構造の「超音波センサー」を開発製品化した。

特許も取得し、発明奨励賞を受賞。「発明は開発の母」であることを実感した。この超音波の発展が、人体の中を観察できる「エコー」に実用化され、現在の病院の必需品となっており、さらには乗用車のバックソナーにも採用されている。従って国際的商品となっており、これこそがグローバル戦略だと感じている。

1968年、松下幸之助翁は、当時の日本国内政治に課題を認識重視され、『国内政治の主体を州に置く』との意味合いから、『一日本人としての私のねがい』という本を実業之日本社から出版された。原点は経営に対する価値認識によることではあるが、真に社会の繁栄、人への福祉向上、言い換えれば本当の芸術的経営を問いかけられた。

社会の生産性を高めよう（物価が下がるのが原則、文明の利器に重みを）、廃藩置県で新たな繁栄を（国内政治の主体を州に置く、命をかける思いで、）。このようなお考えを日々教育いただきながら、私も成長してきたように感じている。

圧電ブザー、圧電モーター、洗濯機用乾燥機発熱体、電子蚊とり器、自動車用の各種センサー（水温、オイルレベル、ガソリン量）や、電磁波ノイズ吸収素子など、主としてエレクトロセラミクスの応用製品を開発しました。まさに日用品から雑貨、家電製品、玩具、海洋、宇宙（H２ロケット用センサー）に至るまで多くの市場、分野とのご縁を頂き、自らも反省しながら現在に至っている。

今の日本は、松下幸之助翁の話として出版された本を再勉強し、日本全体が世界に向けて、宇宙に向けて如何にすべきかを考えることが、重大な課題であると感じている。州制度にすれば、政治、経済、文化、防衛を国が担当して、あとは州に任せ、国会議員は２００人で十分であり、国民の税金が３分の１で済むようにも感じている。

Profile

昭和 36 年、関西大手家電メーカーに入社。中央研究所の配属後に電子部品の開発製品化を担当。事業部長就任と同時に関係会社の社長就任。平成４年に退職して新東情報システム社、新東Ｖセラックス社の社長に就任。その後、平成 10 年に株式会社ナ・デックス社をジャスダックに上場し、社長就任。平成 12 年に日本電産株式会社に理事として入社、グループ傘下の日本電産ネミコン社の社長に就任して平成 16 年退職。海外中心に活動しながら現在に至る。

ハワイを愛し、ジャパニーズ・アメリカンに想いを馳せる。

鴛海量良　１９４０年生

私のライフワークは、ジャパニーズ・アメリカン（日系アメリカ人）の歴史を研究すること。最初はハワイにおけるジャパニーズ・アメリカンから、現在はメインランドのジャパニーズアメリカンに対しても強い関心を持ち、常に学びを深めています。私が関心を抱いたきっかけは、30年ほど前に読んだドウス昌代「ブリエアの解放者たち」を読んでからです。主としてハワイの日系二世についての、彼らの凜とした生き方に感銘を受け、その本に掲載されていた参考文献を片っ端から収集したことがきっかけです。

ご存知の方もいるかもしれませんが、１８６８年、いわゆる元年者としてはじめて１５３人の日本人がハワイに渡航して以後、ハワイへの移住者とハワイで生まれた二世は、１９４１年の日本軍による真珠湾奇襲攻撃のときには16万人を超えており、当時のハワイの人口の37％を占めていました。ハワイに住んでいた日系人は敵性外国人としての烙印を押されてしまいました。しかし、この逆境を乗り越え、生まれ育ったアメリカに忠誠を示したいハワイの二世たちは戦場に赴き、第100大隊として、後には日系二世部隊として勇名を馳せた442連隊に組み入れられ、ヨーロッパ戦線で活躍、アメリカ陸軍史上わずか2~3年という短期間に数々の武勲を残し、戦後のアメリカ社会で、日本人の地位向上に貢献いたしました。戦後の1946年、ヨーロッパ戦線から凱旋した442連隊に対し、ホワイトハウスの庭園で行われた閲兵式において当時のトルーマン大統領は「諸君は自由のために敵と闘っただけでなく、人種差別の偏見とも闘ってついに勝利を手にした」と褒め称えました。このような彼らの血や命と引き換えに残した功績のお陰で、戦後日系人たちは一級市民として認知され、現在の日本人が海外から高い評価をいただく大きな要素にもなっています。多くの苦難を乗り越え、そして後々の評価にまで繋がる行動を起こしたジャパニーズ・アメリカンに衝撃を受けた私は本格的に自らの手による研究を始めました。

2002年には日本移民学会に入会。母校、早稲田大学人間科学部の森本豊富教授（前日本移民学会会長）と出会い、学者でもない私を当会入会に推薦していただき、その後は事務局次長として10年も日本移民学会に関わることになり、昨年から監事を務めています。ここでは年に一度の年次大会のほかワークショップが開催され、会員の学者や大学院生が発表をします。私は、様々な先生方の研究発表を拝聴する中で学びを深めています。

大学時代にハワイアンバンドに所属していたことや、ハワイにおけるジャパニーズ・アメリカンに関心を抱いたことで、自然とハワイの文化や音楽にも関心が広がり、母校にフラという大輪の花を咲かせたいという思いから62才の中年男が、女子学生だけから成るサークル、ハワイ民族舞踊研究会（フラダンス同好会）を早稲田大学内に設立！　1〜3年生まで70人の部員を擁し、様々なイベントに引っ張りだこの学内有数のサークルに成長しました。いろいろ事情があって、フラダンサーのレイマリエ鴛海（家内）が講師を務めてもう12年になります。これまでハワイには50回ほど、メインランドは2回ほどですが、渡航してきました。早稲田大学の総長を招いたハワイでのイベントは4回関わりました。ハワイとアメリカ本土を含めたジャパニーズアメリカンに関する書籍は今では和書、洋書含めて４０００冊となりました。これまでの経験やネットワークを生かしながら、日本人とハワイの繋がりをより強化していきたいと考えています。

Profile

1940 年福岡市生まれ。大分県立中津北高を経て早稲田大学政治経済学部卒業後、会社勤務 6 年目の 28 才のときに公認会計士二次試験受験を目指し、1 年半で合格、三次試験は 1 回で合格。監査法人和光事務所（現あずさ監査法人）に入社。38 才で独立し、鴛海公認会計士事務所を設立。業務に携わりながら数々の団体活動を行う。主に日本移民学会に所属し、ハワイとジャパニーズ・アメリカンの研究及びイベント開催等、啓発活動に努める。

予測不能の世の中で年老いた者だからこそできる提言

村上正邦　1932年生

少し大袈裟ですが、70年余の戦後の世界秩序が音を立てて崩れつつある、私はそんな感想を持っています。西欧諸国を襲うイスラム過激派によるテロ事件は、ここ数年続いていますが、最近ではフランス、ドイツなどEU中枢の国々の中心部で多発し、幾多の犠牲者を出しており、今後もまだまだ続くことが予想されます。米国ブッシュ政権によるイラク戦争を契機にイスラム過激派のテロ活動が活発になり、日本人を標的にしたテロ事件も起きました。最近ではイスラム国（IS）という国家の名を語る危険な組織も勢力を拡大し、国際情勢の不安の種となっています。こうした政情不安な中東からの難民がEU各国に流れ込み、欧州各国で政情が一気に不安定になりました。こうした影響もあって、イギリスでは国民投票によってEU離脱が決まり、EU崩壊の危機がささやかれています。

また、グローバリズムが急速に進むにつれ、経済格差が拡がった米国では、白人中産階級の不満が一気に爆発し、その1年前には誰も予測しなかったトランプ氏が次期大統領に選出されるという想定外の出来事が現実のものになりました。こうしたここ1年の動きを簡単に振り返っただけでも、戦後の世界秩序が軋み始めたことが見て取れます。つまり、世界は大きな変化の時を迎えているのです。いや、変化というほど生易しいものではない、大動乱、大混乱の時期を迎えたのかもしれません。これからの国際情勢は予測不可能と言っていいかもしれません。それは人々が極端な意見に傾くようになっていることの表れでもあり、それが予想外の結果を生み出す要因になっているのではないでしょうか。それについて政治家が想定外と言ってしまうのは政治の怠慢であると私は考えます。国民の 安全・安心を守るため、政治家は予知する力を持つべきなのです。

私は現在、自らの経験を踏まえて、我が国から冤罪をなくすために、日本の司法を正すための活動も行っています。我が国の刑事裁判では、取調べが密室で行われること、この密室で録取された供述調書を過度に重視すること、検察は被告人に有利な証拠を提示する裁判で見せなくてもよいこと、等など大きな問題があります。いまも冤罪がなくならない背景にはこうした事情があるのです。私はなんとしても冤罪だけは根絶せねばならないと考えています。

私は1980年に参32議院議員に当選し、21年間の議員時代には労働大臣、自民党参院幹事長、参院憲法調査会初代 会長なども務めました。長い政治活動の中で、天皇国日本が永遠ならしめるために、あり続けていくために、どういう政治をやっていくか、どういう政治家が国民にとって理想であるか、ということを常に考えながら政治を行ってきました。二千数百年に亘って継承されてきた日本国の将来をこそ、政治家が考えるべき最大の問題だと、私は考えるのです。予測不能な世界の中で、人々ができるだけ平穏な暮らしを望めるような社会を実現することが政治の責任であるのです。そして、国の若返りの為に、年老いた者は如何にあるべきかを日々考えております。

いまのままでは、日本国と国民の行く末がどうなっていくのか心配でなりません。

Profile

昭和７年、福岡県生まれ。昭和 31 年に拓殖大学政経学部卒業。昭和 55 年に参議院全国区初当選。以後、比例代表選挙にて連続４回当選。防衛政務次官、参議院自由民主党国対委員長、労働大臣、参議院自由民主党幹事長、中曽根派政科研究会長、初代志帥会会長、参議院自由民主党議員会長、参議院憲法調査会初代会長を歴任。平成 13 年に参議院議員辞職。現在、一般社団法人「躍進日本！春風の会」代表。「参議院なんかいらない」「政治家のあるべきようは」「だから政治家は嫌われる」他、著書多数。

映画宣伝ひとすじに

関根忠郎　1937年生

1956年4月に映画会社に入り、97年12月に満60歳になって定年退職したあと、フリーの映画ライターとして仕事を続行しています。会社員当時のハードワークは極力避けていますが、それでもこれまでと同様にコピーライターとしての仕事も若干あり、さらに映画ジャーナリストの端くれとして、業界雑誌に現今の日本映画についての論評も行なっています。そしてさらに加えて書籍の執筆（書き下ろし）があり、映画賞（往年の大女優・山路ふみ子財団による映画賞授与）の選考委員を務めていますので、79歳になった今でも些かハードな日々が続くこともあります。

それでも好きな道です。生来、これといった趣味もなく映画ひとすじ。仕事上の必要から、毎年150本ほどの映画を劇場で見、DVDも100本ほど（時間の都合で時々早送りしますが）チェックしなければなりません。この重労働？　のために、健康には充分注意し、暴飲暴食を避けて、お酒は少々、タバコはぷっつり。それに取材や打合せのために、近い場所なら出先まで可能な限り歩いたりしています。そして睡眠だけは必ず6～7時間は取って、といった規則正しい日々を守っているのです。こう書くと何か実もフタもなく優等生っぽい？ 生活に安住しているみたいですが、あながちそうでもないんです。

なぜか！ それは「映画」のお陰です。何百本も見るうちに、時には稀に素晴らしい映画に出会うことがあるんです。心動かされる作品もあるんです。そうした映画による劇的興奮が良い刺激となって精神が高揚するし、かなり元気づけられたりもするのです。わたしは、50年代から今まで古今東西の名作を追いかけてきました。映画だけではありません。漱石や鷗外の好きな作品を引っ張り出すのもいい。ジャズやクラシックの好きな曲を聴くのもいい。効果覿面です。

今、わたしのような老人にとっても、いかにも厳しく生き辛い世の中になっています。ますます亢進する超高齢化社会。ここへ来て世界的なグローバリズムの疲労感に不安も覚えます。EUやアメリカに於ける分断現象。世界のあちこちに亀裂が走り始めています。それにこれは個人的なことですが、デジタル弱者のわたしなど、スマホ、パソコンは勿論、ケータイすら満足に使いこなせません。従って便利な通信機器の発達によって、今の世の中、わたしにとっては実に不便なのです。これまで目に見えるもの、手ざわりを感じられるものへの信仰で暮らしてきた人間ですから、現代人にとって至極便利なものが、わたしには返って不便なんです。でも仕事を続けている以上、これらを使わなくてはなりません。日々、デジタル・ストレスで悲鳴を上げること往々。アナログとデジタルとのジレンマ・ライフを続けています。

それでもなお映画の仕事に生き甲斐を感じて気力も充実。長年、映画を追いかけながら、優れた作品に出会う歓びがあります。そしてその感動を文章で人に伝える意義も感じて、思わず年齢を忘れてしまいそうになっています。

Profile

1937年、東京生まれ。56年3月に都立小石川工業高校電力科卒業。同年4月、映画業界を志して東映株式会社に入社。長く本社宣伝部に在籍し、映画のポスター及び広告制作に従事。97年12月に満60歳を以って東映を定年退職。以後19年、映画ジャーナリスト、コピーライターとしてフリー活動を続行。著書に「映画のこころ　惹句術」（講談社・ワイズ出版〈増補版〉）、「関根忠郎の映画惹句術」（徳間書店）などがある。

「創流」を貫いて、喜寿を越える。（散文の履歴書・抄）

猪子和幸　１９３８年生

１９３８年、徳島市で産まれた。父母は、青年学校と小学校の教師、祖父は、印刷工場を営んでいた。何不自由ない幼年期であった。太平洋戦争末期の45年7月4日未明、１２９機のB―29が徳島市上空に飛来。２時間に亘って焼夷弾を投下し続けた。自宅は全焼し、両親は、国民学校1年生の私の手を引き、焼夷弾が降り注ぐ灼熱の市街を駆け抜け、海辺を目指した。

45年8月15日の玉音放送により、敗戦を知った。昨日までの「正義」が「不義」となる価値の逆転に戸惑い、混乱する中で、漠然とではあるが、「自分なりの揺るがぬ物差し」を求める思いを強くしていた。すべてを失った家族は、仮の住まいを求めて、県内外を転々とした。薩摩芋の蔓を常食し、海水を煮詰めて、調味料とした。小学校6年から徳島県西の池田町に落ち着いた。中学1年の冬から、母は、私を町内の手打ちうどん製麺所のアルバイトに出した。早朝4時～7時まで、週6日・2年間、うどん踏みと町内の食堂への配達を続けた。酷寒の朝、自転車の荷台に、うどん玉を並べた木箱10枚を載せて長い坂道を漕ぎあがる。半袖の下シャツ一枚で、全身が汗にまみれた。

新制池田中学校を経て、池田高等学校商業科に入学した。当時、高校教員の父が、肺結核で休職中であり、家計は極度に逼迫していた。２期校１校を出願し、香川大学経済学部に合格した。入学後の生活費は、全て、アルバイトで調達すると決め、道路工事、サンドウィッチマン、祭りの山車引き、民家の除草など、できることは、何でもやった。

１年後、生活は安定したが、出席を取らない科目以外、すべて不認定となったため、長期休暇時のアルバイトだけで、年間の生活費を調達する方法を画策し、実行した。小・中学生を対象とした「夏季学校」の開校・経営である。毛布１枚と最低限の生活用品と制服・制帽だけを残し、全ての家財を質屋へ持ち込み、初期投資費用を捻出した。指導者は、隣接する学芸学部で募集し、20余名を採用した。初年度の受講生は８００名、次年度は、１４００名の受講生を、市内の県立高校と私立高校に分けて実施した。

４回生になった。生甲斐とは何か。日々の仕事が、企業の利益にしか繋がらぬ日々が、むなしくはないか。幸せは、貨幣価値で換算できるか。すんなりと、教職を選択した。62に高等学校（商業科）教員となる。昭和48年に徳島県情報処理教育センター創立と同時に入所し、14年間、生徒実習、教職員研修、教育情報処理システムの開発に携わる。87年に現場復帰。この間に、高等学校で使用する文部省検定教科書、情報処理検定試験用の参考書・問題集、専門誌へのレポートなどの執筆も行った。

99年3月31日、高等学校教員を定年退職。翌4月1日に、障害者、高齢者など「社会生活・職業生活弱者」の自立を、ICT利活用技術の指導とテレワークの創出で支援することを目的として「JCI Teleworkers' Network」を創設（2002年1月21日「特定非営利活動法人」に認証）した。以来18年間、「職業生活弱者」と共に、ICTを活用し、「時間」と「場所」の制約から解放された、新しい「学び方」「働き方」「生き方」の創出と実践に注力して来た。私は、テレワークこそが「次世代の、もっとも、人間らしい就業基盤であると確信している。

私たちのメンバーは、退路を断っている。前を見るだけでよい。だから、底抜けに明るい。「明日」が明るい日であることを、無心に信じて、日々、懸命に精進している。

平成24年度「とくしまNPO大賞」受賞記念写真（本人・徳島県知事・事務局長）

Profile

NPO法人 JCI Teleworkers' Network 理事長　一般社団法人ソーシャルビジネス・ネットワーク監事　公益財団法人e－とくしま推進財団理事
昭和13年徳島市生まれ。昭和37年高等学校教員となる。昭和48年徳島県情報処理教育センター創立と同時に入所。昭和62年現場に復帰。平成11年高等学校教員を定年退職, 翌4月に「JCI Teleworkers' Network」を創設（平成14年1月「特定非営利活動法人」に認証）。

＊発電・軽油代替燃料

美しい地球を未来に　廃食油を活用して自然エネルギー＊に

染谷武男　１９３６年生

私の父・権五郎が１９４９年４月、55才の折に食用油脂回収業を開業しました。私はその３年後の中学卒業と同時に父の事業に参加。55年には㈲染谷油脂（後に染谷商店に改称）を設立しました。

97年には私の次女であるゆみが回収部門を分社独立し、㈱ユーズ設立。２００４年にバイオディーゼル燃料専業の㈱ＢＤＦを設立し、私が代表取締役に就任しました。

この染谷商店グループが、今日まで曲がりなりにも歩んでこられたのは、一面の焼け野原から急速な復興を遂げた戦後東京における下町の復興に向けたエネルギーの表れの一頁だと思っています。

ミニホテル「カフェパザパ」をオープン

シンガポール Mewah 社に訪問した時の１枚

１９５２年から２０１６年まで64年間にわたりグループに関わって会長とも言われ、現在も㈱ＢＤＦの社長、そして２００６年に広くあらゆる分野のリサイクルを目指して設立したＮＰＯ法人台所油田の理事長としてバリバリの現役として活動中です。

ＮＰＯ台所油田および㈱ＢＤＦとして、㈱ユーズが主導する東京中の家庭から出る廃食油の回収を10年間で年１万トンまで増やそうとする「東京大油田２０１７」キャンペーンに協力参加しました。

また、目黒川で例年冬の桜で有名になった㈱ユーズのＢＤＦ発電によるライトアップにも協力しています。

２００８年より新老人の会（会長・聖路加病院日野原重明先生）に我が夫婦で参加し、「熟年防人」構想を普及中。

２０１５年４月会社経営60年の経験を墨田区政に

発動すべく区長選に立候補し7千余票の支持を受ける。そのマニフェストでは、▽自然エネルギー優先・原発廃止―UCOil発電▽若者を防衛の前線に送りません―熟年防人構想―SeniorGuards▽ソラマチに並んだカワマチづくり構想―東北復興支援と観光立国などを掲げた。

2016年5月には、シンガポールMewah社に㈱ユーズのゆみ社長と訪問。東南アジアの廃食油リサイクルの推進のために協議・協力中です。

同年10月には、空家空室リサイクルと観光立国を目指す「一般社団法人空家空室対策推進協会」にNPO台所油田として参加し、鶯谷駅近のマンションを借りてテスト民泊事業を運営中。

内外の観光客のために㈱ユーズのミニホテル「カフェパザパ」を平成29年1月開店、私も協力参加している。

Profile

1936年（昭和11年）生れ。更正小学校吾嬬第二中学校、墨田川高校卒業、明治大学中退。60歳で葛飾農業高校（定時制）、62歳で向島工業高校、75歳で創価大学に入学。18歳より廃食油回収リサイクル業の染谷商店グループで専務として父を支え25歳の時、父の死去により代表に就任。現在は廃食油から軽油代替燃料を製造するプラントおよび廃食油発電機を製造する㈱BDF代表取締役を務める。

私の小説遍歴

三戸岡道夫　1928年生

　私が小説を書きはじめたのは、大学に入る前の18歳のときである。今から七十年前になる。もちろんプロとしてではなく、友人に小説が好きな文学青年がいたので、その友人を中心に数人が集って、同人誌などを作ったりした。

　大学へ入って上京してからも「作家群」という同人誌へ入会し、大学在学中はもちろん、銀行へ就職してからもその同人誌で書きつづけ、今もその同人誌の延長線上にある「まんじ」という同人誌を続けている。

　同人誌へ書くと並行して、ときどき懸賞小説などへも応募したが、もちろん当選などはしない。すると友人である作家から、

「応募する人は誰もがうまいのだから、ただうまいだけでは駄目だよ。その人でなくては書けないものを出さなければ、当選しない」

　とアドバイスしてくれた。自分でなくては書けない小説って何だろう、と考えた。その頃に

は企業小説がほとんど書かれていなかった。私は銀行に勤めている。銀行小説なら誰も書かないだろう。そう思って「カラオケ挽歌」という短編小説を書いて、同人誌に載せた。近頃は銀行も大衆化の時代である。銀行の支店長も、忘年会とか町内の集まりなどに出掛けていって、カラオケぐらい一緒に歌わなくては駄目だ。そこであるカラオケの下手な支店長がテレビを見ながら歌の練習をするという苦労話である。

するとそれを読んだ栄光出版社の社長が、

「これは面白いから長編小説にしたら」ということで、その話を核にした私の最初の長編小説「降格を命ず」が発売された。

すると非常によく売れたので、すぐ次の作品に取りかかった。それはちょうど私の銀行の定年退職の時期にもなっていたので、銀行を退職し、作家生活に入った。60歳ぐらいの時である。

最初の作品が支店長中心の話だったので、二作目は支店長の妻たちの目を通した、銀行内部の話にした。そして題名を「支店長の妻」としたところ、爆発的に売れたのである。それは内容もさることながら、題名にあった。それは岩下志麻の映画「極道の妻」が一世を風靡していた時だったので、代議士の妻とか、金曜日の妻とか、妻と名がつけば、何でも飛ぶように売れたのである。

作品が売れれば出版社からは、次々と注文がくる。こうして私は銀行小説を毎年一冊ぐらいのベースで出版した。しかし私は昔から、歴史小説、時代小説の方に興味があったので、銀行小説を七、八冊書いたところで、時代小説へと方向を変えた。そして「男たちの藩」とか、「秋風高天神城」などという時代小説を出しているうちに、大きなテーマにぶつかった。二宮金次郎である。

二宮金次郎は薪負読書の少年像で有名であるが、幕末の農村復興から生じた報徳の思想は、各地の報徳社を核にして、全国に拡がっていた。そしてその報徳社の本山ともいうべき大日本報徳社は、静岡県の掛川市にある。そして私はその掛川中学校（旧制）（現在掛川西高等学校）の卒業生である。

掛川市の中央には掛川城がそびえ、その東側に大日本報徳社が、西側に掛川中学校がある。そして明治時代、掛川中学校が創立された時の初代校長が、大日本報徳社会長の岡田良一郎だったのである。そこで、私は岡田良一郎の一代記を書き、伝記に手を染めた。そしてその次は当然のように「二宮金次郎の一生」を書いた。２００２年、私が74のときである。

二宮金次郎は幕末に関東地方を中心に六百余村の農村を復興し、その復興事業の中から偉大な教訓を産み出した偉人であるが、私は出来るだけ解りやすく、小説風に書いた。すると原稿が膨大な分量になってしまい、四百字原稿用紙で千枚を突破してしまった。栄光出版社の社長は、「これでは厚い本になってしまって、売れないから、だめだ」

と乗り気でなかったが、二、三日かかって読み終わってから、

「とてもいい本だ。売れなくても、このようないい本を出版するのも出版社の責務だ」

と出版に漕ぎつけた。発売するとよく売れた。現在三十三版と、私の代表作となった。

二宮金次郎は神奈川県小田原の出身であるが、静岡県にも林業の二宮金次郎がいる。金原明善である。明治から大正にかけて、天龍川の流域を中心に、３００本の植林をした植林王である。そこで二宮金次郎の次は当然にように「金原明善」の伝記を書いた。そして更に、静岡県の初代知事である関口隆吉の一代記を、静岡県菊川市の大田市長の依頼によって書くなどしているうちに、気がつくと本年（２０１６年）に88歳になっていたというわけである。

Profile

1928年生まれ。静岡県浜松市出身。静岡県立掛川西高等学校を経て東京大学法学部を卒業後協和銀行に入行し、副頭取を最後に退職する。その後は文筆活動に専念する。社団法人大日本報徳社にて副社長に就任し、二宮尊徳や報徳思想にまつわる書籍も著している。また、小説だけでなく、会社法に関する専門書も上梓している。日本ペンクラブ会員。

輝いて生涯現役を目指して

佐藤昌子　１９３９年生

還暦を迎えた時、何か新しいことにチャレンジしようと思い、パソコンとクラシックギターを習い始めました。パソコンを習おうとしたきっかけは、１９９３年以来毎年アメリカの小中学校で日本の文化を紹介する民間親善使節として単身で渡米して活動を続けている中で、小学校では授業にパソコンを採り入れているのを見たことと、ホストファミリーとの連絡にメールを勧められたからです。また主人と街の電気店を経営していますが、パソコンメーカーから電気店でもパソコンを販売してほしいというプランで、経営者のためのパソコン教室に主人の代わりに参加してパソコンの便利さと面白さに気付いたためです。友人がパソコン教室を開いていましたので、助手として手伝っているうちに講師の資格を取るよう勧められました。パソコンを初めて2年で講師の資格を取得することが出来、目黒区の高齢者センターで、英会話教室を開いていましたが、パソコン教室の開催も勧められました。それ以来現在まで、目黒区の高齢者施設でのパソコン教室を開催しています。その他、店でのパソコン教室、ＮＰＯ法人の理事長として私のマンションが事務所ですので、ここの会議室でもパソコン教室を開催していま す。出張授業もあり、パソコンが私の人生を大きく変えることになりました。

　私が理事長をしているNPO法人関東シニアライフアドバイザー協会は、シニアの為の生活総合相談活動として、シニアの悩み電話相談を毎日開催しています。その他に、地域でシニア問題に取り込むリーダーを養成する「シニアライフコーディネーター養成講座」を毎年開催して、今年は11回目を迎えます。私たちのNPOは「ジェロントロジー（加齢学）」を学びそれを実践しています。歳を取ることを恐れず、人間はいくつになっても新しいことを学ぶことに遅すぎることはありませんので、元気高齢者はこれからも新しいことに挑戦して、生涯現役を目指してほしいものです。

　若い頃は、登山に夢中になり、体力をつけるためにランニングをしていましたが、ホノルルマラソンをテレビで見ていて、わたしも走りたいと思うようになり1年後にはホノルルマラソンを完走しました。その時の感激が私のボランティアを始めるきっかけになりました。その後盲人マラソンの伴走者となりホノルルマラソンを10回完走しました。障害者スポーツ指導員になり、視覚障碍者のガイドとして「アテネのパラリンピック」にも参加しました。アテネオリンピックの聖火が東京に来たとき、東京都がトーチランナーを募集しましたので応募しましたら選ばれ、お台場を走りました。オリンピックトーチは我が家の家宝になっています。

２０２０年東京オリンピックの時も、トーチランナーに選ばれたいと思い準備しています。夢を持つことも元気の秘訣です。

アメリカでの子供達とのかかわりを活かして、東京都青少年育成のチーフアドバイザーとして東京都の幼稚園・保育園で保護者の皆さんに育児相談のための教室を開いています。

また、折り紙の講師として区から依頼されて教室を開催しています。児童館と特別養護老人ホームでも折り紙教室のボランティアとして活動中です。自宅を開放してシニアのためのサロンを社協の助成金を受けて11年以上継続しています。私の活動を紹介する講師依頼もあり毎日充実した忙しさに感謝しています。（小学校のクラスメイトはデヴィ夫人です）

Profile

NPO 法人関東 SLA 協会理事長　目黒区の地域振興委員　目黒区法人会女性部会副部長　シニア情報生活アドバイザー　東京都障害者スポーツ指導員　1939 年 5 月 8 日年東京港区生まれ　実践女子学園高等学校卒業　日本大学芸術学部美術科造形卒業　広告代理店「全告社」グラフィックデザイナーとして勤務。退社後フリーランスデザイナーとして活動、本の制作、㈲「佐藤電気」経営。1994 年から毎年単身でアメリカの小中学校で日本の文化を紹介活動。

ミャンマーの国造りを支援する

山口洋一　1937年生

現在、私が一番力を入れているのは「アジア母子福祉協会」を通ずる活動である。この団体は、国造りの途上にあるアジアの国々を支援する目的をもって20年近く前に設立されたNPOで、私が理事長を務めている。アジア諸国と言っても、事業の九割はミャンマー相手の仕事が占めており、教育面や医療面での支援を行っている。

ミャンマーは長年、軍事政権に対する欧米諸国からの厳しい制裁を受け、国造りに苦吟してきた国である。

欧米は、民主主義、自由、人権尊重、市場経済原理などの基本理念を信奉し、これに悖《もと》る国は叩く、場合によっては軍事力すら用いて制裁するという姿勢をとってきたが、冷戦終結後はこの傾向が一段と顕著になった。こうした中、ミャンマーについては、軍事政権を悪玉と決めつけて非難する一方、ＮＬＤ（国民民主連盟）を率いるアウン・サン・スー・チー女史を民主化のヒロインとして称賛し、支援してきた。

欧米主導のマスメディアもこれと軌を一にして、軍事政権＝悪玉、アウン・サン・スー・チー女史＝善玉と決めつけて報道した結果、一般大衆もすっかり洗脳されて、この国についてはそのような認識が定着してしまった。

こうして悪玉とされた軍事政権であるが、実際には彼らも自分たちの考えに従って国造りの努力を払ってきた。軍政の考え方の要点は、「ミャンマーは最終的には、欧米が要求するような完全な民主主義体制の構築を目指すが、これを自国の実情に合った形で、一歩一歩着実に進めて行く」という点にある。欧米諸国とその尻馬に乗ってアウン・サン・スー・チー女史が主張するように、「民主主義を直ちに実現しろ」との要求通りにやると、却って混乱を招くことになるので、自国の実情に合った形でミャンマー流に時間をかけて進めて行くべし、というのが彼らの考えなのである。

民主主義体制を実現するには、前提条件が満たされていなければならない。

まず第一に戦争や内乱が終息して、国が安定し、安全が確保される状態にあることがなによりも重要な大前提となる。次に、少なくとも国民が飢え死にしない程度の経済活動を含む国の営みが必要となる。このような状態が確保された上で、国民の教育水準がある程度のレベルに達し、政治意識が向上していなければならない。

こうした前提条件が満たされないまま、形だけ民主制度を実施しても、うまく機能しない。

政治家は利権争いに狂奔して政争に明け暮れ、選挙民は金や暴力や社会的因習に禍されて、まっとうな投票行動など望むべくもない。少数民族の反政府武力闘争に悩まされてきたこの国では、まさにこのような前提条件を満たすのは、民主主義体制実現に不可欠なのである。そこでミャンマー政府は２００４年に、自国に適した民主化の進め方として「民主化への七段階のロードマップ」を打ち出した。ミャンマーは２０１１年に民政移管を果たし、民主主義体制の構築に向けて着実に国造りを進めているが、これはまさにこのロードマップに従ってのプロセスに他ならない。

民政移管後は欧米諸国の制裁も解除され、この国の国造りは明らかに好ましい方向に進展している。ＮＰＯ「アジア母子福祉協会」を通じた支援活動も一段と有意義な仕事になっており、私はこの仕事に携わることで、大いに生き甲斐を感じている。

山口洋一とアウン・サン・スー・チー女史

Profile

1937年生まれ。1960年　東京大学卒業後、外務省に入省。フランス、南ベトナム、イタリア、インドネシア各大使館勤務を経て、1981年以降はユネスコ常駐代表（パリ）、駐マダガスカル、駐トルコ、駐ミャンマー特命全権大使などを歴任。
1998年に外務省退官後、東芝顧問、慶応義塾大学非常勤講師（東洋史）などを経て、現在NPOアジア母子福祉協会理事長、その他の団体の役員を務める。
主著　『歴史物語ミャンマー——独立自尊の意気盛んな自由で平等の国』カナリア書房
『植民地残酷物語』カナリアコミュニケーションズ

前例のない起業から半世紀　生涯現役で社会に貢献する第2の人生

下條武男　1931年生

50年前に二人で日本コンピュータ・ダイナミクス（以下NCD）というソフトウェアの会社を設立しました。そこから2017年で50周年を迎えますが、当時はコンピュータなど誰も知らない時代で、さらにはソフトウェアなんてもっと知らない。ソフトウェアだけで事業が成り立つなど誰も考えておらず、いわゆるベンチャー企業としてのスタートでした。そこからコンピュータのめまぐるしい発展により、会社は大きく育ち、グループ企業まで数えると、従業員の数は千人に達するまでになりました。40年間社長として会社の最前線で仕事をしてきましたが、10年前に現役から退きました。現在は事業には関わっていません。

社長をしていたときから、生涯現役という考え方は持っていました。それは創立から40年携わってきた会社での現役ということではなく、社長を引退したあとも、求められるのであれば何らかのかたちで社会に貢献していきたいと考えていました。

40年前の設立時から関わっている一般財団法人ベンチャーエンタープライズセンターでは、

現在も理事として活動しており、そこに加盟しているベンチャー企業の相談を受けたり、応援したりしています。非常勤の取締役となっている企業もあります。私がNCDを設立したときも前例のないビジネスに挑戦したものですから、その経験を生かしたお手伝いをしています。

このように現在は事業の相談を受けたり、NPO法人の手伝いをやったりしていますが、その中で力を入れているのがNPO法人アジア起業家村（神奈川県川崎市）です。設立時から副理事長として関わっており、現在は理事長をしています。同NPO法人は日本を含むアジア人で日本国内での起業家を目指す人たちを支援しています。

また、アジア起業家村を川崎市につくったことで神奈川県とご縁ができて、一般社団法人県西未来創研を立ち上げ、その監事もしています。

その他では、3年前から日本生涯現役推進協議会という任意団体の最高顧問を務めています。リタイヤしたがまだ元気で仕事をしたいという人たちをどんどん呼び込み、毎月会合を行っています。半年に一度はサミットを開催し、150人～250人が参加します。

人の生き方は様々だと思います。定年退職して趣味などをやりながら悠々自適に暮らしていきたい人もいれば、これまでの経験を生かしてバリバリ仕事をしたい人もいます。

ボランティアであろうと、報酬のともなう仕事であろうと、生涯現役の人がもっと増えれば、理想かもしれませんが、老人ホームのような施設も減らせるのではないかと思います。そうなれば医療費や社会保障費の削減になり、税金の節約にもつながります。それにより人の生き方も多角化し、もっともっと社会が活性化するのではないかという思いで活動しています。

Profile

日本コンピュータ・ダイナミクス㈱名誉会長　(財)ベンチャーエンタープライズセンター理事　1931年(昭和6年)8月生まれ。大阪市出身。1958年大阪大学理学部数学科卒業。1967年に日本コンピュータ・ダイナミクス株式会社(NCD)設立し、40年間社長を務める。

満82歳　現役の姿勢

松本寿吉郎　1934年生

若手には体力では劣るが、今まで生きてきた経験から発掘される洞察力と判断力、説得力は若手をサポートするに十分な力になっている。

若手の前には立たず、後ろから押す姿勢でイコールパートナーの立ち位置が好感を呼んでいる。

早くから生き方を組み立てる

平均寿命が伸びる中で、65歳定年から20年は生きることを考え、定年間際ではなく、なるべく早い時期、40代で個々の生きる姿を画き、先の準備を始める。よく聞くことだが定年を目前に企業毎の各種のセミナーが開催されているが、すでに遅く、現実を知らせることは聞く側のシニアにとっては酷なことである。

現役とか定年後とかは区別はない。縁あって企業に入社、特段の事情がなければ通常、その企業で定年を迎えるのが世の常である。定年はひとつの通過点であり意識しない働き方を自分自身が現役時代に組み立てることが求められる。

生涯現役は自分自身が組み立てる。最近、この分野に関する書籍が数多く書店に並ぶが参考にこそなれ、所詮、自分のことは自分で組み立てるものと考える。

生涯現役の準備と心構え

まずは健康への準備。この分野にも各種の書籍が並んでいるが自分自身の体力に応じた方法をまずは習慣化して日常の生活に組み込むこと。ドクターに聞いた話であるが人間の体はもともと病気にならないように出来ているとのことである。不摂生、ストレスを上手に避ける方法を自分自身で組み立てることである。私の場合38歳の2ケ月入院がきっかけとなりマラソン、水泳を始めて42年になる。健康への大きな財産となっている。

努力すればできる目標を持つ

40歳から始めたマラソンは妻とともに26年かかって全大陸の主要なマラソンも完走。最後は南アフリカケープタウンの国際マラソンを80歳で走り、たくさんの経験が財産となっている。水泳はフットマーク社の水着のモデルで登場している。２０１８年のニューヨークシティマラソンを走るのが身近な目標である。

企業での独自の勤務スタイル

大手の生保会社に１９５３年入社。１９９４年60歳で定年退職。履歴書は2行である。40歳で自分自身の業務を充実させようと中小企業診断士の国家試験に挑戦。通信教育で3年かかって合格。自分自身で組み立てたコンサルティング営業を始め、会社に貢献しながら、オフタイムにはノウハウを磨くため先輩診断士の鞄持ちをしながらプロのノウハウを伝授させてもらった。当時としては違法行為の別収入を稼いでいたが、勤め先の企業に貢献していたので特段支障なく、定年までダブルインカムであった。

生涯現役のための家庭の姿

夫婦関係はお互いに感謝しながら共同体で3人の娘を育て孫8人、結婚以来55年最後の経験として、ともに約1400キロメートルを歩き、四国八十八ヶ所お遍路を経験できた。これからも自己実現の充実した人生である。

医王山　遍照光院第88番札所　大窪寺にて結願

Profile

1953年明治生命入社。1994年60歳定年退職。1976年中小企業診断士取得。コンサルティング企業を始め中小企業の開拓に専念。異動なくエキスパートとして自己申告通りの活動で定年退職を迎えた。プロフェッショナルとしてスキルを磨き続けられたことに満足している。一方でマラソン、水泳を始め42年。妻とともにマラソンを続けている。全大陸の主要なマラソンを走破。数多くの思い出が生きる原動力になっている。

人生百年時代を楽しく元気に！

袖井孝子　１９３８年生

平均寿命が男女とも80歳を超え、女性では90歳に近づきつつある今日、高齢になってからでも、新しいことに挑戦するチャンスはいくらでもあります。

しかし、高齢になってから始めて、うまくいく場合とうまくいかない場合があることはいうまでもありません。いくらやる気があっても、体力や記憶力がついて行かなければ、折角始めても挫折に終わりがちです。

私にとってうまくいかなかったのは手話です。

手話を始めたのは65歳の定年を過ぎてから。かねてより手話には関心を抱いていました。定年になって暇ができたので、早速、講習会に登録しました。一応、初級、中級、上級と3年間通いましたが、なかなか覚えられません。

同時に始めた30代、40代の人たちは、どんどん上達し、中には通訳の資格を取る人も出てきましたが、こちらはいつまでたっても落ちこぼれ。高齢者グループで集まって慰め合っています。

しかし、ろうの人とわずかでもコミュニケーションできるのはとても楽しく、細々とながら手話サークルに参加し続けています。

それに比べてうまくいったのは、詩吟です。

詩吟を始めたのは70歳を過ぎてから。足の不自由な夫の付き添いで教場に顔を出しているうちに、先生に勧められて始めました。

詩吟については、何となく右翼っぽいイメージがあってあまりいい感じは持っていませんでした。けれど、大きな声を出すのはなかなかいい気分です。

また、李白や杜甫などの詩には、雄大な風景や美しい自然が描かれ、人生の哀感や老いの寂しさがあふれています。

1年あまり前からは、詩吟の伴奏楽器であるコンダクターの稽古も始め、一昨年の夏に教え子たちが開いてくれた喜寿の会で、私の独吟と夫との合吟を披露し、昨年のシニア社会学会大会の懇親会では独吟をいたしました。

詩吟の仲間には圧倒的に高齢者が多く、80代、90代は当たり前。最高齢は96歳の男性です。姿勢を正し、大きな声を出すことは健康の維持に役立ちそうです。

詩吟を楽しみながら、人生百年時代をできるだけ元気に過ごしたいものです。

喜寿の会で詩吟を披露

Profile

愛知県出身、国際基督教大学卒業、東京都立大学大学院博士課程修了、東京都老人総合研究所主任研究員、お茶の水女子大学助教授・教授を経て、現在、東京家政学院大学客員教授、一般社団法人シニア社会学会会長、一般社団法人コミュニティネットワーク協会会長、ＮＰＯ法人高齢社会をよくする女性の会副理事長。

著書に「女の活路　男の末路」（中央法規）、「高齢者は社会的弱者なのか」「地方創生へのまちづくりひとづくり」（以上ミネルヴァ書房ほか他多数。

「シルクの新しい世界」に挑戦する!!

松本信孝　1939年生

退職後、没落しつつある自然繊維シルクに興味をもち、シルク・ベンチャー㈲ハックを起業しました。私が何故、シルクの世界に入ったか？

●**シルクは合織の先生**：化学繊維はシルクを目標に改良・改善を続け発展してきた。日本の合織技術力は世界トップ、日本シルクも世界最高水準。コストパフォーマンスで後進国に劣り、日本の繊維産業は崩壊し繊維王国から輸入国（輸入比率95%）に転落してしまいました。

●**「蚕業革命」に挑戦**：皮膚親和性高いシルクは肌の温・湿度を調整、皮膚呼吸サポートする第2の皮膚。これで「健康シルク」を開発。

HACsilkは自然の優しい温もりと癒しで肌を温め、毛細血管の血流を良くし、人間最大の臓器「皮膚細胞」を活性化する。

●**私が開発に傾注してきた、ナノテク、バイオのイノベーティブシルク技術。**

1200ナノベースの微小空気層を有す野生シルク。2、セリシンは近年、人間の皮膚に有用だという事が判明。3、フルボ酸含有シルク。4、膨潤加工。

この4つのナノテク技術により、「美」を追求してきた従来シルクとは異なり「健康」という新しいシルクの世界を追求できるようになった。

●健康寿命を伸ばす革新シルク。現代人は低体温化に依り、免疫力が落ちている。

無数のナノ空気層を有すHACsilkは保温性に富み、温い肌着・腹巻・靴下で身体を外から温める「肌温め健康法」に適した素材で肌の温・湿度を適切に調整して毛細血管の血流をよくする。

●「究極の靴下」：HACsilkスポーツソックス。これは1週間連続着用しても、ムレ、ベタツキ、悪臭なく、いつも快適で足が疲れない！　革新シルクが絹の強さと快適さを証明してくれました。
凍傷で9本の指を失い親指1本で冬山エベレストに挑戦した不屈の登山家「栗城史多さん」や高齢でエベレスト登山に成功した有名な登山家に着用してもらい、大好評。

●シルクに魅せられ、妻と二人きり老夫婦の自宅営業の小さな会社。

革新シルクの実用化に没頭して早くも22年、新しいシルクの世界を創ってきた。

私は新しい絹糸の開発からスタートして編み・織、染色加工、デザイン・縫製まで手掛け、オリジナルな最終製品をネット販売で直接消費者に届ける、正に開発・生産・販売の一気通貫体制でやってきました。各生産工程別の協力工場は全国に30社ほどあり、小さな会社に試作から本生産まで全面的に協力して頂きました。最先端理論を研究している学者の指導もあり、又、蚕糸科学研究所には全面的にバックアップして頂きました。

更に、マーケティングに通じた方の協力もあり、市場にないオリジナル・シルクの開発が出来ました。感謝、感謝!! これは私の「シルクのロマン」に共鳴し、応援してくれた、皆さまのご支援の賜物です。

尚、日本シニア起業支援機構：J-SCOREとの出会いから㈱シルク・ルネサンスが創立され、その会長を兼務。今まで見逃されてきた健康・美容面のシルク特性を「商品で表現する」という形で日本発革新シルクを世界に発信、世界的規模のビジネスに拡大していきたい。

Profile

東北大学を卒業後、旭化成工業に入社。当時、旭化成は未だ繊維中心の会社でした。現役時代はベンベルグや合繊等繊維畑の業務。当時は合繊の勃興期。退職を機に化学から自然に、組織から個にと滅亡危機にある絹のベンチャー（有）ハックを起業。絹の本質を１から勉強。絹研究者との交流で絹には多くの未知の世界がある事を知る。日本シニア起業支援機構：J－SCOREとの出会いから（株）シルク・ルネサンスを創立、その会長兼務

「水素健康革命」への挑戦

若山利文　１９３９年生

東京外語大在学中に、運輸省のフランス語通訳ガイド資格を取り、卒業後、在日フランス大使館の経済・商務部に勤め、戦後の荒廃から立ち直り、著しい経済成長を続ける日本に興味を持って来日する多くのフランス政財界人の通訳をする機会に恵まれた。

ドゴール大統領の右腕として活躍し、青年スポーツ相やアルジェリア植民地相を歴任した後、日本大使として赴任してきたミソフ大使の知遇を得た私は、超音波で体内の結石を破砕する画期的な医療機器を開発したエダップ社の社長となった、大使の長男オリビエと出会った。それを機会に、当時まだ医療後進国であった日本にはない海外の優れた医療機器の輸入販売を手掛け、上場も視野に入るほど、そこそこの成果を挙げることが出来た。還暦を目の前にしてそろそろ経営の第一線から引退を考えていた私の目の前に顕れたのが「水素」であった。

21世紀は水素の時代と言われているが、それは水素が地球温暖化の原因となるＣＯ２を排出しないクリーンエネルギーであるという意味である。しかし、実は水素にはもっと大きな働きがあり、人間は勿論、細胞を持つ全ての動植物の生理活性を高め、多くの疾病の原因となる悪玉活性酸素（ヒドロキシラジカル）を中和・除去し、傷ついた細胞を修復することにより殆どの生活習慣病の治療に有効である、という驚くべき役割がある。

水素は、人体の全ての臓器を構成している細胞内のミトコンドリアの中で、アデノシン三燐酸（ＡＴＰ）というエネルギー物質を産生するのに不可欠の物質で、体内に摂取する水素の絶対量とそこから得られる効果は殆ど比例すると考えていい。昨年ノーベル生理学、医学賞を受賞した大隅教授の、「オートファジー（自食作用）」機能も、水素を原料として細胞のミトコンドリア内で産生されるＡＴＰエネルギーにより促進される。人間は体内で水を酸素と水素に分解出来ないので、植物の力を借りて、水素を食物から取り入れるしかない。それを補うために、水素をカルシウムやカリウムなどのミネラルに結合させて水素粉末を作り、それで水素サプリメントを作った。

２０１６年暮れの12月９日、厚生労働省は、心臓停止により血液の供給がストップした場合の臓器の後遺症を水素ガスの吸入で治療する技術を先進医療技術として認定した。

日本の医療費は、国民の高齢化と過剰な薬の投与により、現在既に40兆円の大台を超えてしまった。水素を健康増進に活用することで、増大する一方の医療費を大幅に削減することが出来る。水素を日本、いや世界で最初に健康増進と疾病の改善に活用する事業を始めてから19年の歳月が経ってしまったが、水素の臨床的有効性を実証し、社会的認知を得るために、私は『水素と生命』『マイナス水素イオンの効力』『水素がすごい！』など、これまで5冊の本を上梓した。

そして、今、77歳になった私の目の前に現われて来たのは、水素テクノロジーと電解還元水を組み合わせて、農薬や化学肥料を使わない有機栽培と、抗生物質に依存せずに、安心・安全な豚肉や鶏肉を供給するドラッグフリー畜産への挑戦である。

Profile

1939年、新潟県柏崎生まれ。大学卒業後、在日フランス大使館商務・経済部勤務。
1970年、日仏経済技術交流会㈱を設立。以後、日本ユーロテック㈱、日本エダップ・テクノメド社（日仏合弁）、一般社団法人「水素と医療研究会」㈱サンテック、㈱水素研究所を設立し、水素が免疫力、自然治癒力を高め、疾病の改善に有効であることを臨床的に実証し、水素の普及活動を続ける。著書に『水素と生命』『マイナス水素イオンの効力』『水素がすごい！』等。

89歳人生これから

井浦康之　1928年生

私は高小（昔の高等小学校のこと）卒業後、15歳で日立製作所亀有工場に入社しました。20歳から高校に通い、24歳から沖縄で通訳の仕事をしながら夜間に大学で学びました。

これまで12社、24種の仕事を経験し、42歳で人財育成コンサルタントとして独立しました。アルプス電気、富士通、NEC、トヨタ自動車、本田技研工業、富士フイルム、ブリヂストン、キャノン、東電、NTT、JR他数百社の企業の幹部研修や中小企業で会社ぐるみの研修、商工会議所や各県庁の研修講演の講師をし、バブルの時には、1年で300回以上の研修講演がありました。

80歳代になり、各社の研修部長が定年退職し、仕事がどんどん減ってきたのでどうしようかなと思っていた矢先、友人から「アメリカのACNという会社が、ソーシャルマーケティング事業を行っており、この事業で自分の経済力も豊かになるし、人助けもできる」との話を聞き、詳しく調べました。ACNとは、American Communication Networks のことで、直販事業、

telecommunications事業を手掛けており、電力自由化に伴う「電力小売り」や、格安携帯電話事業などを積極的に推進して、利用者への利便性を高めるサービスを提供するとともに、参加する人たちを経済的に豊かにするための仕組みをつくっている。創立から17年で、ダイレクトセーリングニュースで世界の直販業界のすべての記録を破った会社と知り、アメリカに8回行って確認した結果、創業24年目の現在、24か国で事業展開を行っており、6年準備して昨年の8月にACN Japanがオープンしました。

私は89歳まで生きて来たのではなく、この身体と生命を下さった両親、私をバックアップしてくれた家族、多くの友人知人、そして自然、地球、宇宙に生かされて生きてきたのであり、私の夢はその恩返しをする事でしたので、若い人たちは勿論、60代、70代、そして80代の人々に、時間の自由と老後なんの経済の心配もない豊かな人生を送って頂きたい事です。あの世に昇天するときに、「私の人生いろいろな事があったけど、良い人生だったよ!!」とにっこり笑って行けるようになるためのお手伝いをすることですので、その「志事（仕事ではない!!）」を通じて1000人以上の人々に、心豊かな素晴らしい人生にするにはこれしかない、と心に決め、今チャレンジしている最中です。楽しいですね!!

70過ぎても夢がもてる人生なんてすばらしいとは思いませんか?

「志を立てるのに、遅すぎることはない」のです。若さとは年齢ではなく、心の持ち方で決まるのです。１００人中１００人が私と会って、「ええっ本当に89歳なのですか？　凄いパワー、オーラですね！」と言います。

60歳代、70歳代なんてまだ「ひよこみたいな者」です。特に77歳以上の方々、あなたの人生はこれからなんですよ!!　あなたはどんな夢を持っているのですか？　どんな生き方をしたいのですか？

「たった一人しかいない自分を
たった一回しかない人生を
人間らしく、心豊かに生きる」事です。

そしてあなたの姿を見てどれだけの若い人達が希望と勇気をもつことでしょう。あなたの人生はこれからなんです。

Profile

高等小学校卒業後、15歳で日立製作所に入社。21歳から高校、24歳から沖縄で通訳の仕事をしながら夜間大学で学ぶ。42歳で人財育成コンサルタントとして独立。現在は、アメリカの世界的に有名なグローバル企業であるＡＣＮの日本法人との個人事業主として、心豊かな人生を送るお手伝いに力を入れている。

未来思考で生み出す事業構想

中上　崇　1939年生

過去に囚われない、未来に期待する生き方、働き方をしてくると「感性」「創造性」「好奇心」がセンサー役として自然と身についてくる。先入観を挟まずに人の意見を率直に聞ける感性を若い頃から習慣化していると、生まれながら誰もが等しく持っている無心の境地になれるものである。そこでファンド、コンサル、リターンの事業構想を持つたエンジェルが「職業」として成り立つ仕組みを作っていきたいといつも考え続けている。

●シーメンスでの経験を元にベンチャーを起業

1965年26才の折に、日本が貿易の自由化を80%にした時期に新しい会社が生まれるのは自然であると考え「我が国の科学技術の発展に寄与するハイテク専門商社」を設立する。ハイテク時代がくるという予測のもとに技術商品が生活、文化、社会システムを変えると確信し、時代が企業をつくるということでマーケッティングを専門とする会社を目指しました。

●エンジェル投資とそのきっかけ

１９６５年に貿易が自由化され、シーメンスでの経験を活かし、海外メーカーの紹介、輸入販売業務を行うエヴィック株式会社を設立しました。新しいものを最先端の研究の欧米学会誌から大学の先生に売るという仕組みを作ったのです。起業の際は、親戚・知人・友人に株式を購入してもらって資金調達。エヴィックは大学の研究者向けの電子機器輸入専門商社として順調に成長しました。

●市場の分け合いから始まったエンジェル

１９７３年に日本ベンチャービジネス協会入会。１９７５年ＶＥＣ企画委員就任、日経ベンチャービジネス交流会副会長就任、１９８５年立教大学社会学部講師（ベンチャー論）就任。

エンジェル投資を始めたのは１９７５年頃。欧州の電気メーカーの日本総代理店になり、欧州に輸出を行う日本の大手メーカーに対して欧州型電源適合安全規格電子部品類（電源スイッチ・ＲＦＩ／ＥＭＩパワーラインフィルター・ＲＦＩサプレションコンデンサ・電源インレット／アウトレット等各種）を輸入販売する事業を始めたのですが、この市場を分け合う形で、ユニダックスとインターコンポという２つの会社を共同で設立し、成長してゆきました。すると、今度はそれを見て独立したいという人が私のところに相談にくるようになりました。

彼らに、マーケットの理論からビジネスモデルまで多岐に渡るアドバイスを行い、ビジネスのスタートアップを支援しました。こうして自然とエンジェルとしての活動が始まったのです。

●私のコンセプト

世界の人類に役立つ（人生観）。do for others（仕事観）。something new イノベーション（起業家）。時代が人を作る。学問をすればする程実際にやってみたくなるものである。仮設（ビジネスモデル）を立てて実行すること。禅でいう行が大切である。

●ゼロワンクラブの活動

誰もが一生の内に一回は、起業家にチャレンジしたくなる時代がやっときました。老いも若きも、皆と協働して進化していく人生を望むことを期待している。これからゼロワンクラブの活動を支えてゆきます。

Profile

1965年ハイテク専門商社、エヴィック㈱を創業し、23年間代表取締役を務め、従業員120人売上85億円までするが、1988年上場準備に入った時、会長になり、1992年5月エヴィック㈱を退社、同年10月に㈱メタリンク代表取締役に就任、VC業務並びにVB育成コンサルタントを開始する。新しいベンチャー（留学生支援）起業数社の立ち上げを指導。2015年9月ゼロワンクラブ,LLPを創設し、起業家支援中。

人生5毛作（76歳メトロネット創業）

福田哲夫　1939年生

1毛作目　1962年岩崎通信機入社。在職中、世界最速の周波数カウンターを開発。7年後同社を技術者5名と共にスピンオフし、当時大変話題になりました。

2毛作目　当時、無謀にも人・金・物のない状況で素人がリーダとして技術力を頼りに電子計測器と各種センサーを複合的に組み合わせミニコン制御による産業用OEM多機能処理装置や応用機器の開発会社野村電機を設立。

先進的な技術によりOEMの革新的なシステムを提案しユニークな会社として各方面から評価されました。結果、若手技術者としての実績が評価され1975年、通産省管轄の日本初の研究開発型企業育成センター（VEC）の開発委員を委嘱されました。理事長は本田宗一郎翁（ホンダの創業者）。

3毛作目　37歳で全く異業種のビデオゲーム開発会社データイーストを設立。

当時の業界は全くの無法地帯。秩序もモラルもなく、模造品が横行。時に暴力沙汰ありの状況でしたが、門外漢の素人が単身で参入し、決死の覚悟にてアミューズメント業界の体質改善、型破りの技術改革等を断行。他方会社は急成長し日米で年商２００億円規模の会社なりましたが或る事件をきっかけに28年後倒産しました。直接的な倒産の原因があるとはいえ、最終的判断は経営をした自分に責任があると考えました。

その間、日本アミューズメント工業協会（ＪＡＭＭＡ）副会長を13年間務めました。

特筆すべきは身の危険を感じながら孤軍奮闘して業界の反対を押し切り標準化したＪＡＭＭＡコネクタの規格統一です。瞬く間に世界規格となり現在も全世界で採用され今日のビデオゲームビジネスの隆盛に繫がり、産業規模は膨大です。一連の業界に対する貢献が認められ平成10年藍綬褒章候補（通産省）に推薦いただきましたが辞退いたしました。まだ受賞に値する人間ではないからです。

4毛作目　7年間の特許無効審判、特許侵害損害訴訟（一部請求40億円）とコンサルタント業務等を行ってきました。

5毛作目　２０１５年12月メトロネット株式会社を設立。76歳、人・物・金なし。

創業の動機は、医療領域における「問診の重要性」を筑波大学医学部医療系、総合診療科前野哲博教授に教わり同年に筑波大学と産学連携にて問診ナビ（商標登録済み）を中核とした健康ナビシステムの事業化です。

弊社が開発した問診ナビ（特許出願中）は臨床推論アルゴリズム（筑波大学前野哲博教授）、OTC薬の選定アルゴリズム（日本薬科大学藤原邦彦教授）にて構成されております。

これにより「誰でも、何時でも、何処でも、手軽に、安心して」スマホ、i-padなどにて医師、薬剤師目線での疾患、薬品選択のアドバイスを受けられる業界初のツールです。

このツールの普及により日本再興戦略テーマ「国民の健康寿命の延伸」に対する健康長寿社会の促進、病気予防による医療費の削減、健康産業等広い分野に重要な役割を果たします。

まだまだ前途多難のスタートアップ企業です。世の為、人の為に役立ち、感謝される事業は必ず成功すると確信しております。生涯現役、健康ナビシステムを世界に広めます。

皆様のご理解、ご支援、ご協力をお願い致します。

Profile

愛媛県出身、東海大学工学部卒業。
1962年岩崎通信機入社、当時世界最速の周波数電子計測カウンターを開発。7年後独立。業界初のミニコン内蔵による産業用多機能処理装置の開発会社設立。6年後、37歳でビデオゲーム開発会社を設立。アミューズメント業界の体質改善、技術革新を行い日米で年商200円規模の会社に成長するも約28年後に倒産。この間、ＪＡＭＭＡにて13年間副会長を務める。76歳で発念、メトロネット株式会社を設立。

シニア総コンサルタント時代の到来——87歳からの起業

飯田義治　1928年生

それは娘の一言から始まりました。

「そんなに仕事をしたいのなら、自分で会社を作れば」

私は、80歳半ばにしてまだ仕事をしたいという思いに駆られていました。勿論老人を雇ってくれる先などありません。娘としては、このままボケてもらっては困るという思いだったのでしょう。ただ、この一言で私は起業し、未だに現役で仕事をしています。勿論起業に当たっては紆余曲折がありましたが、その辺りの経緯は前著に譲ります。

今はコンサルタントとして、クライアントの販路開拓や営業支援等を行っています。勿論、鉄鋼業界の経歴を生かして活動をしています。ただ、鉄鋼業界の経歴だけに頼っているつもりはありません。鉄鋼業の技術畑一筋から全く別の業界である煉瓦の製造・販売会社に転身し、どぶ板営業をやっていたのです。どぶ板営業とは、どぶ板を一枚一枚はがしていくという言わば営業の基本ですが、言ってしまえば誰にでもできる仕事です。かつての経歴など関係ありません。要は、どこにクライアントがいるのか、何をすれば売れるのかを見極めることができれば後は営業を実践するだけです。私は、全く別の業界に飛び込んで1から研究して営業を始めました。そして、営業活動をする過程で「営業」に開眼しました。「営業」と「技術」は同じものであるということが分かったのです。

長年サラリーマンをして定年退職を迎える方であれば、既に営業のポイント、人脈など知り尽くしていると思います。私のように別の業界を1から研究する必要などありません。営業をする気になればいつでも出来るわけです。そのノウハウがあり人脈を築いていれば、クライアントへの助言やサポートが出来るはずです。

サラリーマンが定年を迎えて、その後の去就に悩むより、定年後は皆、コンサルタントになって自分の会社を作り、自分の経験を生かして仕事をしていくとしたら如何でしょうか。みなさん定年が待ち遠しくなりませんか。定年までの数年間、会社の仕事に対する身の入れ方も違って来るのではないでしょうか。シニア総コンサルタント時代の到来です。シニアが社会に貢献することもできるし社会から疎外されることもないでしょう。

シニアの皆さんの中には、自分の健康を心配している方もいるかもしれません。私も、80歳を超えて心臓の大動脈弁閉鎖不全症になり大動脈弁置換術という大変な手術を受けて生死を彷徨う経験もしました。手術後は、老人ホーム送りになるところでしたが、リハビリに必至に取り組み、何とか自活できるようになりました。勿論、日本の医療やリハビリ療法が優れていることは言うまでもありませんが、何よりも仕事に早く復帰したいという思いが功を奏したようです。仕事への意欲は、体の機能を回復することにも役に立ったようです。

娘の一言から始まった起業ですが、その後も仕事を行う上で娘には何かと手伝ってもらっています。シニアの起業には家族のサポートが欠かせません。一方、起業することで家族同士のコミュニケーションも良くなっています。娘には、感謝しなければなりません。

Profile

1928年、滋賀県生まれ。工学博士
1952年、大阪大学工学部冶金学科卒業。同年、川崎製鉄株式会社入社
千葉・水島両製鉄所製鋼部に配属。東京本社製鋼鋼材技術部長、理事に就任。43年間の勤務を経て、関連会社の社長に就任中、エクステリア大手より招請を受けてグループの外に飛び出す。その後、煉瓦の製造販売会社、石材販売会社等に請われて転職。技術畑でありながら営業の才能を開花。87歳にして、飯田コンサルタントを開業。

人生100歳時代　80歳で思うこと

牧　壮　1936年生

今年（2017年）の正月は今までとは全く違った思いで迎えることとなりました。80歳台になっての最初の新年でした。日本人男性の平均寿命は遂に80歳代を超え、私もまさに平均寿命の年齢になったという訳で今まで感じたことのない思いで新年を迎えたのです。

私が社会人になって就職した頃は、会社の定年は55歳が標準で、そのときの男性の平均寿命は65歳であった。即ち55歳まで働きその退職金で残り10年の人生を楽しむというのが一般的人生設計であったわけです。それがいつのまにか60歳過ぎまでフルタイムで働き、その後も小規模とはいえ個人事業主として多くの人達と接しながら活動が続いてきたのです。

80歳になり、多くの方々から80年の人生を振り返っての感想と、これからの生き方についての質問も頂きました。思い出は沢山ありますが、やはり子供の頃の戦争の体験が一番強く心に残っているのではないでしょうか。

戦時中は東京の世田谷に住んでおりましたが、東京が連日B29の空襲を受けるようになり、焼夷弾が落ちてくる時の怖さを幾度も体験し、また空母からの発進してきた艦載機が住んでいた家の屋根すれすれを飛びながら機銃掃射をするのを目のあたりし、思わずすくんでしまった記憶があります。１９４５年3月10日の大空襲の日は一晩寒い防空壕のなかでまんじりとせず過ごし、落ちる焼夷弾での地響きで防空壕の土壁が少しづつ崩れていくのを見ながら一晩明かしました。

そして私は、集団学童疎開の最下級生で他の子供達と一緒に長野県の山の中のお寺に親元から離れて疎開させられたのです。集団生活でしたが食べ物も少なく、空腹とノミとシラミにたかられての毎日でした。終戦の時は小学校の3年生だったわけですが、今やこういった戦争体験を語れる年の方も少なくなりましたが、機会ある毎に語り継いでいこうと思っています。

その後、野原でバラックしかなかった所に大きなビルが建ち、闇市ですいとんを啜って空腹をしのいだのが今や飽食の時代になりましたが、その間日本が世界第2位の経済大国になったことへささやかながら貢献できた自分の人生に小さな喜びも感じています。

さて私にはリタイア後ずっとやってきたテーマがあります。それは「高齢化社会と情報化社会の融合」というテーマです。日本では早くから高齢化社会が来ると言われてきました。そして一方コンピュータ技術、通信技術そして半導体技術の急速な進歩実感し、この2つの大きな社会トレンドに対し、自分自身が高齢化していくことを実験台に、「ＩＣＴ活用による新しいシニアライフ」に挑戦してきたのです。リタイアした頃先輩に言われた言葉の1つに「リタイアしたら友達は減り、家の周辺半径500メートルが行動範囲で毎日がテレビの生活」というのがありました。今の私の生活は徹底したインターネット、パソコンそしてタブレットPCの活用により活動テリトリーは半径5000キロ、友人が減るどころか日々増えているのです。インターネットが繋がりモバイルの通信機器さえあれば自分が何処に居ようとその場所が仕事場のオフィスになっていいます。部下ゼロ、秘書なしのビジネスが実践できるシニアライフが可能なのも情報技術のおかげです。

人生100歳時代と言われるようになりましたが、もしそうだとしたら後20年の人生プログラムが必要です。これからの未体験ゾーンに向かって新たな情報技術の活用にチャレンジをしていきたいと思っています。

Profile

63歳でフルタイムジョブをリタイア。
高齢化する社会と急速に進化する情報化社会。この2つの融合が健やかな長寿社会を生み出すとの理念の元、自身の高齢化を実験台に「シニアライフのICT活用」を実践・啓蒙を計ってきた。「新老人の会」でのSNSの立ち上げのため「スマートシニアアソシエイション」の設立に参画。更にパソコン、タブレットPCなどの情報機器やインターネットの活用法をシニア対象に指導・啓蒙活動中。

80歳還暦とミャンマー進出支援のお話し

河野順一　１９３０年生

●80歳還暦論と現役の秘訣

「人生60才で還暦」はもう古い！　世界的に人間の寿命が延びてきたので、物差しを20年繰り下げ、「80才還暦」にすることを提唱してきました。私自身は87才還暦を通過して87才ですが、健康に恵まれているので「１００才まで現役で働きたい」と宣言しています。

現役として認められるのには、①健康維持、②常に前向き思考で取組み、③若い人達から教えて貰う謙虚な姿勢、④そして若い人達にお返しとして良い人脈の紹介と俯瞰的立場からのアドバイスでお手伝いをすることだと思っています。

●日本の宝、シニアの活用

私は、自身の経験も含めて、戦後の経済発展を支えて来た「日本の宝、シニアの技術者・技能者」が、国内の人財ニーズ低下で「宝の持ち腐れ」となっている現状を打破する必要があると考えており、シニアの活躍出来る場を創るため、中小企業の人財活用を推進してきましたが、日頃から国内市場のニーズは狭いと痛感していました。

２０１２年7月、ミャンマー初めての訪問で訪問の時に紹介されたのが、日本語を話せるミャンマー人が集まって結成した「ミャンマージャパン・セダ組合」の会長・テアウン氏で、「東京から資金と人財を支援して貰いたい」という要請を快諾。現在の「ミャンマージャパン・セダ東京」を設立し、ミャンマー大好き人間の仲間と共に、中小企業のミャンマー進出支援、ミャンマーの中小企業の育成・支援、ミャンマーで働くシニアの技術者・技能者などのお世話を私財を投じて続けてきました。　２０１６年６月、会員制の一般社団法人にランクアップし、ミャンマー本部の会員も１７００人を越えて、相互の情報交換の質と量が飛躍的に向上しています。

●ミャンマー進出は合弁会社が最適！

４年半の経験と最新情報の分析結果から、中小企業が進出する場合、ミャンマー側企業と、日本企業の合理的な合弁提携が理想的な手法だと考えています。

効率の良い近代的経営を推進し、ミャンマー経済に貢献し進出企業の安全と収益を確保するためには、合弁事業の幹部に日本人経営者、それも技術だけで無く運営管理や営業も含めた経営全般の実力人財の派遣が成功の鍵です。

●セダ東京・交流会

毎月「ミャンマービジネス交流会」を開催しています。

①大局的な情勢の捉え方と、②進出を目論んでいる企業や個人の進出計画の発表、③実際に進出した企業の実績報告など、実務的な情報交換に重点を置いた運営が行われ、２０１６年12月で34回を重ね、参加登録者数が７００人を越え、ミャンマーへの関心の高さと、進出実現の可能性の高まりを実感しています。

●資金調達

ミャンマー進出を目指す中小企業にとって、資金調達は最大の課題です。

２０１６年・秋、東京証券取引所の「東京プロマーケット」の存在を知り、中小企業が短期間に上場による資金調達が出来る可能性に発憤し、ネスパが自ら現状打破を実践し、上場実現を目指して挑戦しています。増資による資金調達について関心の有る方に情報提供をしております。メールでお声をかけてください。

080-3261-0163 jkk@blue.ocn.ne.jp

2016 年 4 月　第 26 回・交流会　進出希望の企業の交流が活発に行われた

Profile

東京都練馬区に在住、現在 87 歳。ネスパの会長の外に手広く中小企業のお世話を続け、みなさんから「こ～さん」と呼ばれ、お役に立っている元気な光輝高齢者。妻・フミ子も 84 歳で同じ職場で現役。コモンブリッジ・e 世論協会・ミャンマージャパン・セダ東京・ゼネシス・地震予報など、現役代表者として活躍中。海外渡航 66 カ国。趣味は海外旅行と音楽・写真・映像編集。孫 6 人＋曽孫 2 人。メルマガ配信 28,000 人。

転生人語

酒井治郎　１９３６年生

サラリーマン生活のスタートは日産自動車の工場の生産技術部門に配属され、エンジンの機械加工を担当し、初期技術の習得より始まり〝工場の命〟である生産性向上や品質向上等で効率の高い工場を目指したものである。また、工場の管理者としてライン全体の車両完成迄責任を持つ納品管理や品質管理等全般を管理する事になる。そして、メキシコ日産に新エンジン建築プロジェクト責任者として3年間海外駐在員として派遣され、貴重な海外生活を家族とともに過ごさせて戴いた。

その実績が買われ49歳の時、参事部長に昇格し、本社サービス部長に3年間勤めあげ、それを最後にクラリオンに出向転出の拝命を戴いた。サービス部長では、当時の国内販売会社が約１２０社、サービス拠点が２４００ヶ所あり、その拠点戦略の構築に努め収益向上を計った。また、自動車工業会のサービス部会長も努め、加盟35社の意見をまとめ、運輸省（現在の国交省）に業界の代表として折衝に努めた。

54歳でクラリオンに転出し、役員を拝命して、早速専門の生産技術部門の強化する様、トップより依頼され取り組み問題点を抽出した。

その結果、業績回復には、リストラの実地や国内資産工場の統廃合、また、生産拠点で中国に進出することを提案し、実行。社内からの反発もあり、大苦戦した。中国進出は約20年前に計ったが日本企業の進出はまだ本格的なものではなく、悪戦苦闘した覚えがあった。結果として現在は業界の主力生産工場としての位置付けとなり、収益の柱になっている。

10年間のクラリオン在籍中、経営層の一角として、経営とは、かくあるべきかを学び、自分自身の能力アップに役立った事を確信している。

63歳時点でクラリオンの役付役員の定年制により退任した。

退任と同時に大学時代の友人の紹介で、日本で最初に設立された日本D.B.Mという再就職支援専門会社の営業顧問として採用されベンチャー企業に心機一転活動を開始した。

当時、大企業では管理職や中間層の社内失業者を相当抱え、四苦八苦の状況である事を私が把握しており、この風穴を明けるべく努力をし、結果数１００名単位から２０００数百名迄の大型受注を受け急激な業績アップに継なげたが、その反面あまり収益アップが続き、役員間の抗争が激化し、社内が空中分解し、他社に買収され結果として社員の分散化で会社は消滅してしまった。その時私は営業本部長として調整役を務めたが努力実らず結果は散々なもので、経営者の〝質〟の問題を痛感しました。

数ヶ月のインターバルを置き、ベンチャー企業のフルキャストテクノロジーに営業顧問として〝JASDAQ〟に上場を目指す為に常勤監査役に就任し、5年半監査役を努め、その間、日本監査役協会に入会し、新会社法が改訂され監査役の重要度が増した事や、異業種交流会を通じ100数社の監査役との方々と交流し、豊富な経験を積み重ねて行った。親会社のフルキャストが不祥事を起こし、会社の信頼度が損なわれ技術者派遣に支障を起こし会社が売却される結果となった。

72歳でこの事故に直面し就職活動を展開し、友人の紹介で70年の歴史ある廣済堂の顧問として迎え入れて戴いた。新規事業の展開顧問として7年間2大プロジェクトを担当し成功裏に勤め、昨年80歳を期に退職する事にした。

Profile

1936年、東京生まれ港区に在住。学習院大学理学部卒業後、30年間日産自動車に勤務し、海外生活も経験する。その後、クラリオンに10年間役員として経営参画する。その経験を生かし、64歳時に、第2の人生のスタートを切った。生来のチャレンジ精神の旺盛さを発揮させ、ベンチャー企業である日本D.B.Mやフルキャストテクノロジーなどの異業種企業に立ち向かい企業を発展させた。72歳時に創業70年の歴史ある廣済堂で新規事業設立に参加する。

世界の子供を消しゴムで笑顔にしたい

岩沢善和　１９３４年生

東京都江戸川区で５人兄弟の２番目として生まれる。中学を卒業して半年ほど農業の手伝いをしたあと、東京の文房具の大問屋に住み込みで就職しました。当時中卒で働くということは、就職というより小僧です。

小僧になって約５年は配達と荷作りと発送の仕事です。夕方、仕事が終わると毎日自転車を磨きました。当時の配達は自転車です。荷物が多い時は自転車の後にリアカーを付けて５㎞。遠いところは10㎞位。先輩が自転車に乗り、後輩がリアカーの後を押して駆けて行きました。辛いとか大変とか思ったことは一度もありませんでした。働いてお金を頂くことがすごくうれしかったのです。そこで退職するまで18年間働かせていただきました。

１９６８年にKさんの助けを得て独立。岩沢工業として千葉県松戸市にて６畳２間でスタートしました。Kさんの工場の奥が少しあいているから、そこに６坪位のプレハブ小屋を建てさせてもらい、でもお金がないので電話を引くことができない。Kさんから「10円でノート１冊買ってこい。うちが電話を聞いて控えておくから。君は毎日うちの事務所に来て自由に電話を使え。1年間いくら電話を使ってもよい。お金は一銭もいらない。頑張れ」と励まされたのです。「おもしろ消しゴム」イワコーのスタートです。すばらしい人に応援していただき、今のイワコーができました。今は、イワコーで働いてくれる皆が頑張ってくれています。

ある時、「何で消しゴムは四角なんだろう?」と思いました。使えば角はなくなる。最初から角がなくてもよいのではと思い開発したのが野菜の形の消しゴムです。人参、大根、さつまいも、かぶ、キャベツを作りました。1988年の第一号です。これで会社が大きくなるぞと思い、お客様のところへ持っていきましたが、誰も相手にしてくれない。大きな失敗をしてしまいました。あきらめて他の物をポツポツ製造していたのですが、どういう理由なのか5年後から売れるようになりました。売れるようになると競争相手が出てくる。負けるわけにはいかない。1993年から1998年の終りにかけて1日に10万個、年間3千万個と良く売れたのですが、段々飽きられてきました。競争相手は消えていって、ほぼイワコーだけになってしまった。会社を潰すわけにはいかない。そこから24時間に切替え、深夜はアルバイトを雇い、私は1ヶ月の半分近くは事務所に寝袋を持ち込んで寝ていました。

2009年よりまた売れるようになりましたが今度は他の国にコピーされ、3分の1の単価で売られています。でも、負けるわけにはいかない。新しいものをどんどん作り一番先を走り続けたいと思っています。現在は1日20万個、年間6千万個を生産しています。

私は2011年に社長を退き、長男に社長の席を渡しました。会長にはならず、一社員として頑張っています。それまで社長と呼ばれていましたが、退任の翌日からは岩沢さんと呼ばれ、会社に入る時はタイムカードを押しています。今は新製品を考えることと、工場見学の担当をしています。

私は周囲に小さなことでもよい、一番になれ、一番になれば色々なことに自信がつくとお話しています。仕事は楽しい。自分にあった仕事なので、仕事に感謝。私の夢は日本の子供だけではなく世界の子供を消しゴムで笑顔にしたい。まだまだ頑張ります。

Profile

株式会社イワコー創業者。元代表。昭和３年生まれ。東京都出身。中学卒業後、文具問屋に就職したあと、昭和43年に独立し、イワコーを設立。当時消しゴムは四角形が常識の時代に「おもしろ消しゴム」を考案する。

人脈づくりは、まさにギブアンドギブ

知久信義　1938年生

人生30％うまくいけばいいと考えています。例えばイチロー選手も3打数1安打3割3部。ゴルフも3回に一回良いショットをすれば良しとする（ゴルフはミスのスポーツ！）。ベンチャーを育てて30年。多くの経営者とお会いしてきましたが、成功の共通点よりも失敗の共通点が多いと思います。

①昔の成功事例にしがみつく、②市場、経営の勉強不足（技術者出身の社長に多い共通点）、③研究開発費に多大な資金を注ぐ、④新規事業が成功しにくい（失敗した後の責任の所在？）、⑤良い格好、公私混同（同族経営に多い）、⑥環境、トイレなどに気を使わない、⑦社員の教育不足（敗者復活の出きる会社が少ない）、⑧社内外のブレインを持っていない、⑨ベンチャービジネスが成功しにくい業種（バイオ、等）、⑩在庫をたくさん持っている、⑪今好調な部門も将来性を考えて売却も視野に入れる。見切り千両が大切。

危機管理の第一歩は〝人事を尽くして天命を待つ〟何事も「想定外!!」といいますが、最善の準備をしていても事故は起こる時は起こります。

また、私の人生感として井戸を掘った人を忘れないことです。具体的には、お中元、お歳暮等、その気持ちとして数十年間贈っています。

私の東銀座の事務所には何時も、４人～５人位来社します。目的は、資金調達、M＆A、ビジネスマッチングのランチミーティングです。ギブアンドギブの精神です!!

私が40年間、みずほ証券株式会社にてＩＰＯ（持株公開）の業務に携わり１０２社投資し、４２社を株式公開しました。

その間、新規開拓を中心に異業種交流会に参加、主催して現在も実施しています。

例えば、インデペンデンツクラブ、ＳＳＢＣ、J-score、アース研究会、カンカンガクガク（ＩＴ研究会）の会、アジアビジネス探索セミナー、エンガワサロン、クールジャパンサムライ産業活動、日本コンピューターソフトバンク事業（ＩＴ）、ＢＯＳＳ、平成の会、弓山会等に参加して一人でも多くの方と交流を計っております。

一社でも出会いを持ち、ビジネスチャンスを人脈に作れればと思って参加しています。

講演、講義も青山学院大学、千葉商科大学、関東学院大学を授業の一貫として学生にＶＤ論を講演し、また一般の交流会にも講演をして参りました。

今、全力を入れているのは、知財戦略です。

具体的には、私が顧問をしているＡＯＳテニクノロジーズの佐々木代表です。毎年、リーガルテック展を一流ホテルで研修、勉強会をしております。弁護士、民間企業経営層、法務、知財、情報システム、監査部門、毎回４００名出席します。

ファイナルフォレンジックは、消去したデータの復旧、証拠のデータの検出、内部の不正行為の調査ができるソフトです。また、今一番力を入れているのは、InCircle（インサークル）です。LINE（ライン）のような操作で使えて、セキュリティも万全な企業向けのビジネスチャットです。日報やミーティングに費やす時間を短縮。メールの量を減らし企業の非効率を向上します。ビジネスチャットを考えている法人にはセキュリティ万全のInCircle TALKです。

Profile

１938 年　千葉県館山市出身。青山学院大学経済学部経済学科卒業。青山学院中等部勤務、特殊法人国立競技場司計課勤務を経て、昭和 48 年、新日本証券株式会社勤務。企業部に配属、公開や上場を手がける。平成元年、新日本ファイナンス株式会社に出向（未上場企業のファイナンス業務 102 社）。スミセイキャピタル株式会社、株式会社日本未公開企業研究所、みずほ証券株式会社、株式会社日本経営コンサルタント総合支援機構　顧問に就任。

何と　めでたい　九十歳

大川加世子　１９３０年生

ＮＨＫ「みんなのうた」に白髪を後ろに束ねパソコンを叩くお婆ちゃんのアニメが現れた。「可愛い！」絶対実現したい。区の施設で爺婆ちゃんを待った前世紀１９９６年、雨降る３月のあの日、誰もが「爺婆がＰＣ？　出来っこないよ」。ところが傘をさし杖をつき１５０人もの白髪頭が続く、世間の方が余程遅れている。超高齢化社会に突入した今、ＰＣという最適なツールとこんな素敵な爺婆ちゃん達が集まった。私はＰＣの仕事以外の大切なもう一つの役割を発見。孤立せずに生きる命の手綱。自分を応援したく特許庁を訪ね、会の名前、ロゴの登録、jijibaba.com（爺婆どっと混む）。新聞記者たちが一度聴けば忘れないと笑う、さてどう会を運営するか、貴重な人生経験を生かそう、そうだ異世代交流、異業種交流、胸が躍った。驚く程大学生が集合、いいの？　バールフレンド、無償奉仕。第一線の技術者や現役商社マンたちが仕事合間に遊びに来た。勿論定年後の先輩達も、教え教わる両方が楽しかった、「豆腐も掴める介護ロボット第一号」製作者は発会20周年記念にも参加。夏休みはＰＣ通の中学生、車椅子の障碍者先生も、高齢者は技術を単純に習うよりそれに伴う人生経験等の話題、これで満足するのです。どんな話題にも入っていける年月を持っています。東南アジアの国々の大学教授たちも「間もなく私たちの国も高齢化社会到来」と見学に。

やがてＮＴＴの研修センターが「収益を還元しましょう。機器も修理もＯＫ」「人手不足の時は声かけて下さい」。時々広いセンターに放送が流れる。「誰か手の空いた人、お婆ちゃん達に就いて下さい」。すると２～３人の助《すけ》っ人《と》が飛んでくる。涙がジーンと溢れて。皆様有難うお蔭様で高齢者の時代が変わります。月に二度の研修センターでのＰＣサロンには必ず取材が入る。雑誌社、新聞社、ＮＹタイムズ、英国のＢＢＣ。この時驚いた事にマイクを突き付けられたお婆ちゃんの中にはスラスラと英語で答えている人も。長い人生の中、外国生活があっても別に不思議はない。

さてパソコン探し、大学生と中古ＰＣの大型倉庫に出向く。「俺これ欲しい！　凄いぞ」玩具箱をひっくり返す様な騒ぎ、「お婆ちゃん用ＰＣも選んでよ」。ここまでは爺婆用に無料ＰＣ。が、貰おうが拾おうがＯＳは買わねばならず、近所のマイクロソフト研究所に、おずおず「お婆ちゃん達ＰＣで元気です、ＯＳ下さい」。この時の米国の反応の速さ、即「20個どうぞ」。高齢順に中古ＰＣを家に運び接続設定。また前進。

１９９９年、お堅い郵政白書に「高齢者ＰＣクラブの草分け」と漫画のお婆ちゃんが載る。

九十歳卒寿会員になると候文《そうろうぶん》メール。当会の貴重な記録です。日本全国のメール交流は海外の高齢日本人を通して懐かしい郷土食、お祭り等、会話が世界中に広がっていった。

大川加世子　ホームページ　http://www.jijibaba.com

Profile

終戦後、米国国際保険会社（ＡＩＵ）Ｊａｐａｎ本社入社。１年間、ＡＩＵフランス（パリ出向）へ。結婚後、トヨタ自動車販売Ｋ．Ｋ．へ入社。輸出部（南米担当）。１９９７年、日本全国の高齢者をネットで繋ぐ「コンピューターおばあちゃんの会」を設立。国外の日本人高齢者にも範囲を広げ、高齢者の孤立を防ぐ事に努めている。特に認知症患者の介護者の重い心をほぐす全国からの普段着の会話は、心のゆとりに繋がっています。

還暦すぎて世の中を知る

野口　満　1939年生

企業在籍36年間は、創業者本田宗一郎の現場主義の下で厳しい時代を過ごした。自動車の軽量化、安全、燃費競争にも関わり後半は基礎研究部門を率いてロボット、航空機などの新分野の要素技術研究に挑戦して若い研究者と苦楽を共にした。還暦を迎え定年退職すると、住み慣れた地元の役所や自治会等のお付き合いも儘ならず、気が付くと連れ添い二人の生活では、彼女の配下の身となったのである。

そうこうする間に仲間を通して、特許庁と埼玉県の連携事業のアドバイザー制度を紹介され、気軽く虎ノ門に顔を出すと「一週間後には出頭せよ」との通知を受け、埼玉県の特許流通アドバイザーの仕事がスタートした。県の職員に準じたフルタイムの勤務を条件に活動することになった。

電車を乗り継ぎ自宅から90分の川口市の埼玉県工業技術センターに通い、特許流通支援活動を始めたのである。国や県の公務の進め方にショックを感じながらの、暗中模索のスタートである。しかし中小企業のダイナミズムと事業の原点を知ることに喜びを実感し、5年半に企業1600社を訪問し200社に対して特許技術の活用支援を達成して全国的にも注目された。埼玉県は、ほぼ全域にわたって企業が点在しているため、公共交通と徒歩の活動から「5足のリーガルシューズ」をすり減らした。

このころ地方分権化が始まり、2005年に「知財総合支援センター埼玉」が発足したが、県の知財戦略立案や実施体制が整備され初代知的財産アドバイザーとして就任した。知財関係の機能を集約し知財の一気通貫支援が功を奏して特許庁からも関心が寄せられた。

これを機に自身の公的事業の体験記として「知財立県」を著したのが苦しくもリーマンショックの年である。

3年後、これまでの活動に対する功労として特許庁長官賞を授かり、同年には特許庁事業「知財総合支援センター」が全国で発足したのである。

これまでと変わり、企業の経営課題と知財活動をリンクした事業に進化した。アドバイザーも補強され県と国の事業が並行的に展開され支援のメニューが拡大した。三年目を迎え後期高齢者入り期しアドバイザーの退任を心がけたのである。

そんな時、公社の理事から中小企業庁の中小企業ワンストップ支援事業のコーディネーターへの申請の要請を受け、2014年6月、ワンストップ支援事業が「よろず支援拠点」として全国でスタートした。県ごとの競争的事業で埼玉県よろず支援拠点は現在コーディネーター総勢15名と事務方6名によって構成され、活動実績も全国上位である。

気が付くと、満77才も過ぎ目出度くも喜寿の年である。この17年の活動は経営の先頭に立って活躍する中小企業の経営者と、役所の組織や仕事の進め方の狭間にたって、自らも中小企業事業に習って実践したことで、世の中の真実を知った貴重な時代である。

次は何をやろうかと、熟慮の最中である。

Profile

埼玉生まれで、県内自動車企業の研究所に勤務し、還暦を過ぎて国や県の公的支援事業の活動を続け、昨年８月３日に埼玉生粋の 77 才を迎えた。
自動車企業では材料の研究開発部門一筋、我が国初の米国自動車生産プロジェクトに加わり、日本企業初の米国生産を経験し、ジャパン・パッシングも体験した。それらが経験となって、現在埼玉県よろず支援拠点のチーフコーディネーターとして、全国 47 都道府県の最長老として活動している。

継続は力、プラス思考

長嶋秀治　１９３７年生

　現在自分がいろいろと活動を続けられている原点は、「日本話し方センター」でスピーチの勉強をし、その後もＯＢ会で異業種の人たちと交流することで幅広い人脈を培ったことです。特にＯＢ会「新話会」で現ＮＰＯ法人シニア大楽理事長の藤井敬三さんに出会い、そのご縁で藤井さんを中心に２００３年に発足したシニア大楽の会員になりました。

　シニア大楽は広く一般シニアを対象として余暇活動、生涯学習、健康維持・増進を促進する事業を目的として設立されました。その目的遂行のために世の中に発信できる講師を募り地方自治体や公民館等に講師を派遣しています。

　その傍ら講師のスキルアップのための「講師のための話し方講習会」登録講師による一般の方を対象にした「公開講座」を毎月開催しています。そのほかに一般の方の参加を募り東京、神奈川、埼玉、千葉の９か所で「ユーモアスピーチの会」や都内で「川柳教室」「発明・発見教室」「小噺・落語入門サロン」、や山登りの会「山楽カレッジ」と多彩なプロジェクトを月１回開催しています。また登録講師の中で演芸部門に登録している講師の集団「演多亭」の公演、一般の社会人落語家による公演もそれぞれ年1回開催しています。

プライベートの活動として話し方のOB会「新話会」の仲間と山の会を作り月1登山を1994年から続けています。登山は昔の職場のOBとも2、3か月に1度のペースで続けています。山登りの他に大学時代のゼミの仲間と2か月に1回のペースでゴルフを楽しんでいます。運動のほか月に2度カルチャーセンターで水彩画を描いています。

山登りをしたり、いろいろと活動できるのも健康であるからだと思います。私の健康法は歩くこと、日々の歩数にばらつきはありますが1年を通して平均で1万歩を目標にしています。

2007年7月　薬師岳（2,926 m）にて

Profile

1937年　千葉県生まれ千葉市在住。1961年　立教大学経済学部卒。財団法人計量計画研究所で理事を務めました。現役時代に「日本話し方センター」でスピーチの勉強をし、その後もOB会で勉強を続け異業種の人たちと交流することで幅広い人脈を培い、その縁で現在は、NPO法人シニア大樂の副理事長として運営に携わっています。

失敗を恐れてはいけない。結果は後からついてくる。

河合ミチヨ　１９３６年生

私のモットーは、「あ・た・ま」です。

「あ」新しく、明るく。

「た」楽しく。

「ま」前向きに。

歩く、暮らす。それが全部だと思っております。

と言いますのも、「嫌んなっちゃう。嫌んなっちゃう」と口癖のようにおっしゃる方がたまにいらっしゃいますが、すべて心持ち一つ！　私のひ孫は10年経ちますと成人式です。それまでは生きてお祝いしたいと思っています。出来るかしら？　とは考えません。生きて行こうと決めるのです。生きていこう！　そういう心持ちでおります。それに、嫌になるということがありません。だって、たかが90歳じゃないの！　と。その事を孫に話したところ、「ばあちゃんが１００歳になったら、俺の成人式よりめでたいじゃないか」と笑われてしまいました。そうですね、成人式５回分ですから。

手芸教室を始めたのは、横浜に引っ越してきてから、友人と集まって着物の端切れやちりめんの端切れで、小物を作り始めました。それが評判を呼んで次々と人が集まり、今では、自宅のお部屋を二部制にして、生徒さんが自由に出入りしています。誰が先生で誰が生徒というより、皆が教え合う、そんな素敵なコミュニティの場となっております。

やはり、皆が集うことが楽しいですし、うれしいです。誰も来ないのは寂しいですし、何よりおしゃべりは、ボケの防止にもなります。

もともと好きな事へのアンテナが高いせいか、60の手習いで大正琴を始めました。そしてお琴の指導者の資格を取得して、お教室を開きました。77歳の７月７日の時でした。始めた頃、お教室は３か所に。毎年９月に県大会がございますので、一緒に練習をしたほうが効率が良いということで、今は一か所になりました。

大正琴の大会は、ソプラノ、アルト、テナー、ベースとあり、12人以上で演奏するのです。他は、大会以外でも、地域のボランティアで演奏したりしています。

きっかけは音楽が好き。歌が好き。そこからがスタートでした。今では孫も講師として活躍してくれてますので、一緒に県大会を目指すことが何よりも楽しみです。

こうして前向きに取り組めるのも、健康であることが何よりと実感しております。91歳にもなりますと、やはり足が、とくにふくらはぎが弱くなってきました。足は第二の心臓ですからできるだけ時間を作って公園を4、5回ぐるぐる歩いております。まさに、「幸福は何よりも健康の中にある」です。これは、今年の年賀状に書かせていただいた言葉でもあります。

私は、実母も看て、主人も看ました。介護をすることでわかったことがありました。特に母は高齢の痴呆症で、最初の頃は、叱ってはいけないと思っても叱ってしまった事もありました。ですが上から目線ではなく、同じ目線にならないといけないということ、相手はボケていても、全部わかっているのです。なので、けっして馬鹿にしないこと。そして主人も脳梗塞で介護が大変でしたが、楽しいことのほうが多く、笑って話すことができました。それも、すべては「あ・た・ま」だと思っており、これからも過ごしていきます。

Profile

1926年（大正１５年）京都府右京区生まれ。神奈川県横浜市在住。友人と一緒に吊るし雛や、端切れを使った手芸をはじめ、口コミでお教室を開く。60歳を機に、大正琴を習い始め、77歳7月7日に教室を開設。90歳を超えての現役の琴伝流指導者はいないということで琴伝流大正琴全国普及会より表彰される。
現在はお孫さんと一緒に琴のお教室を運営。

天然の『おいしさ』をみなさんに　ブドウのおいちゃんです。

宇津昭三　1933年生

私が実際に体験し人生訓を得た大地のことをお話します。名言集に【秋に収穫したいのならば、春に種をまけ】という言葉がありますが、この言葉を私はこの大地で経験しました。

元々、大阪でサラリーマンをしておりましたが、一人娘である妻と一緒になったのが縁で、妻の出身地である島根県浜田市でブドウ栽培をするようになりました。

稲作中心の田舎で、山陰地方特有の砂地があり『海のものとも、山のものとも』分らないいま果物作りを始めました。1966年のことで、以来半世紀が経過しました。当時は50年間も続けることができるとは夢にも思っておりませんでした。

何もかもが試行錯誤の連続で、早朝から深夜まで『ブドウ』のことが頭から離れたことがありませんでした。経験、失敗、経験、又失敗を繰返しました。何度、いや何十度『辞めてしまおう』と決意したたか。

桃栗3年柿8年と言いますが、ブドウは3年経てば実を結び始め、本格的な実が成るのには

5年は必要です。この最初の5年間が不安で、長く長く感じられました。人の子供は10か月で生まれますが、１８００日ですよ。我ながらよく諦めずに辛抱したなぁ～と想い出されます。今考えると【何らかの希望】を感じていたのかと思います。

来年の収穫を夢見て剪定作業

作業カレンダーを紹介しますと、▽2月～3月⬇ハウスのビニール張り▽4月⬇ジベレリン処理1回目▽5月⬇ジベレリン処理2回目▽6月⬇摘粒、摘果▽7月～8月⬇収穫、出荷▽8月～9月⬇ビニールはずし▽10月～12月⬇土づくり（施肥、深耕作業）、剪定▽1月⬇ハウス、棚の修理。どうでしょうか？　３６５日年中、作業が無くなりません。

この作業のうち、最も重要なものはジベレリン処理という聞き慣れないもので、ブドウの商品価値を増すための【種無しにする作業】です。

種無しにする1回目のジベレリン処理です！　早いと実がとまらず、

商品価値がなくなり収量も減るし、遅いと授精してしまい種ありになって　これまた商品価値無しになる。１日違っても収量に大きく左右され、気候条件や樹の状態を見た上での適期判断が何年栽培していてもとても難しく神経を使うところです。

ことを進めるには、世間にあるどのような仕事でも『ことの成否を左右する』微妙な具合の重要項目が存在します。このような困難で、できればやりたくない邪魔臭い作業・仕事でも何十年も続けてこれるのは『美味しかった』という人の笑顔のため…とは何ともアナログ的なものですねぇ〜、そう思いませんか？　皆さん。

近年の長雨、高温、暴風などの異常気象によりハウスの破損、裂果等、毎年苦労は絶えず（いのしし、さる、カラスなどの対動物バトルもあり）、儲かりもしませんが消費者に「美味しいね！」と喜んでもらえるよう頑張っています。

Profile

現在、夫婦で島根西部の日本海が見下ろせる景観に恵まれた所でとブドウを栽培。50アールのビニールハウスで「島根ぶどう」で知られるデラウェアを中心にピオーネ、クイーンニーナ等７品種を栽培する。

西アフリカでの起業に託す夢

太田精一　1936年生

私は、1972年8月から76年1月まで、ジェトロ駐在員として、カメルーン共和国のドアラで過ごした。当時のカメルーンは、あらゆる面で、旧宗主国フランスの影響を色濃く残していた。カメルーンだけではない。旧仏領西アフリカ諸国はすべてフランスの影響下にあった。主な産業はフランス企業に支配され、現地の産業は、小規模農業と手工業に限られていた。日本企業の進出する余地は少なく、日系企業はごくわずかだった。

だが、独立後半世紀を超え、旧仏領西アフリカ諸国も、遅々として進まなかった経済発展が、このところようやく上向き始めた。それと共に、ビジネスチャンスも生まれつつある。現地の人々の生活水準が向上し、教育にも関心が寄せられ、ビジネスを通して自己実現を図り、社会の発展に貢献しようとする階層も生まれつつある。

私は、西アフリカ諸国の発展は、生活水準の向上を目指す現地の人々の自覚にもとづいたビジネスへの参画にあると思っている。目に見える機材や建物を援助するだけで、十分活用されないまま、メンテナンスについての指導もされず、朽ち果ててしまった例も少なくない。ただ、巨額な資金を投ずれば良いというものではないのである。

巨額な援助の裏には、しばしば汚職が絡み、現地政府を腐敗させ、経済・社会的な格差を助長し、社会不安をもたらす要因が隠れている。援助は、効果があまねく国民全体に及ぶよう細心の注意を払って実施しなければならない。

小規模でも現地の人々がビジネスの世界に身を置き、利潤の追求を通して生活水準の向上に貢献するような起業をすることが大切である。そう思っても、80歳を超えた私には、西アフリカで起業し、現地の人々と生活を共にすることは体力的に難しい。

そんなときに、私の思いを実現してくれる男が現れた。娘婿の山根聡君である。長崎大学の水産学部を卒業した漁業の専門家だ。水産エンジニアリング社に長年勤務し、同社の受注したＪＩＣＡの経済協力プロジェクトを実施するために、多くの発展途上国で活躍した。西アフリカ諸国の漁業発展のためのプロジェクトに関わったのは50歳になってからである。

カメルーンでは漁港の整備事業に携わり、現在はコンゴ共和国の水揚げ場の設置プロジェクトを実施している。彼はそこで一人の親日的な男に出会った。キブカ・アルノー君である。研修生として来日し、日本語を学び帰国してから山根君の通訳としてコンゴでの活動を共にした。

山根君は、コンゴでのＪＩＣＡのプロジェクトを実施するうちに、第二の人生を賭けて起業を決心した。起業をすることによって、自分も利益を得、現地の人々の生活も豊かにしようと考えたのである。折よく、自分の専門の生かせる仕事を見付けた。

同国のポワント・ノワールで魚の干物の製造・販売会社を起業することを思いついたのだ。魚は近海でたくさん獲れる。だが、冷凍施設が無く、道路網も整備されていないため、水揚げされた港の周辺住民にしか消費されない。

それを干物にすれば、長期間保存が可能となり、販路を拡大することが出来る。内陸の住民が、重要な蛋白源である魚を食べ、栄養の改善にもつながると考えたのである。

50歳を超えたシニア予備軍の大きな決断となったアフリカでの起業が成功することを義父として、また、人生の貴重な時期を西アフリカで過ごした者として、彼の夢に託したい。

Profile

東北大学文学部社会学科卒。名古屋の中部鋼鈑株式会社に四年在勤後ジェトロに入る。カメルーン、旧ユーゴスラビア、チリに駐在。ジェトロ出版課長、編集課長、出版部長代理を歴任。国際経済交流財団の業務部長として国際会議及び国際交流事業を担当。退職後、史遊会にて歴史研究。同人誌「まんじ」に、小説や歴史読物を執筆。著書「遥かなるカメルーン」彩流社。「誠忠の茶園」史遊会サロン。「遠い処へ」「岐路」「霧の彼方に」（まんじ特集号に掲載）栄光出版社。

使いたいけど使えないシニアのスマホデバイド解消は「すまほ茶屋」で

山根　明　1935年生

■ボケ防止で始めたパソコン

定年退職1年前64歳（1999年）のとき「ボケ防止」と「新しいこと」をはじめたい気持ちで「64歳の手習い」でパソコン教室に通いました。

森内閣のＩＴ推進政策で全国にパソコン無料講習会が開催されました。どこの教室も講師が足らなくパソコン歴2年の私でも一応の操作ができることから〝パソコンにわか講師〟を務めました。受講生の中に当時84歳のご婦人がいらした。ご婦人はパソコンを触ったことがない初心者でしたが受講3日12時間でインターネットやメールができるようになりました!!　ご婦人がパソコンを学んだ動機は「海外に住むお孫さんとメールをしたい」。自分が84歳なったときはたしてこれだけの体力・気力・知的好奇心があるだろうか…？

人は年齢に関係なく動機があればすばらしい力を発揮しそれが生きがいになると思いました。これを契機にパソコンの指導を続けるにつれパソコンを通じてシニアに生きがいをもつてもらう。それが私の使命であり第二の人生の生きがいと確信しました。そのためにシニアにパソコンをやさしく教える資格を取得。以来10余年シニアのパソコン超初心者向けパソコンスクール「ゆうゆうサロン」でシニアのインターネットやメールのお手伝いをしました。またシニアにパソコンをゆっくり・やさしく・繰り返して・楽しく教えるシニアパソコン講師養成講座を主宰してきました。

２０１０年5月にiPadが発売されると、「シニアにやさしいのはパソコンよりもiPadだ！」と直感し9月から全国に先駆けてシニア向けのiPadの講座を開設。

■最近の主な活動実績

２０１３年9月からＮＨＫ学園くにたちシニア向けiPadやiPhone講座を受託。

２０１４年には独立行政法人福祉医療機構（ＷＡＭ）「高齢者認知症予防のためのiPad教室事業」を受託。２０１５年と２０１６年には世田谷区地域絆ネットワーク支援補助金事業シニアiPadやiPhone講座を受託。

■「すまほ茶屋」の説明

「すまほ茶屋」はシニアが気軽に参加できる講座をイメージして命名。目的はシニアがスマホやタブレットを使って生活を楽しく豊かに過ごすための活動です。シニアの「デジタルデバイド」を解消です。

■約半数は使えません

スマホやタブレットを買ったけどあるいは家族から貰ったけど約半数は使えません。使い方を教えてくれる場所が少ないです。店頭での相談には長時間待たされます。

■私のライフワーク

シニアになると朝起きて「行くところ・会う人・やること」が無い。スマホやタブレットを利用し3つの「無い」を「有る」にするのが私のミッション。スマホやタブレットを使い生活を楽しく豊かにする活動の場所が「すまほ茶屋」。そこへ「行く」、そこで「楽しく学ぶ」、「仲間と語る喜び」。これでシニアの認知症を予防し孤立を防ぎ住み慣れた地域で安心して暮らせる その仕組み作りが私のライフワーク。

Profile

1935年広島県呉市生まれ。82歳。NPO法人 シニアSOHO世田谷代表理事。シニアにスマホ・タブレットでネットの恩恵を受けていただく普及活動を行う、「東京タブレット研究会」を主宰。シニアのスマホ・タブレットの普及活動を通して、シニアの孤立防止と認知症予防のための活動を行っています。ミッションはシニアの居場所と出番づくりとシニアが笑顔と生きがいを持って地域で活動していただくことです。

百姓道楽、カラオケ、通勤生活

宮本晴夫　１９３５年生

20年以上前になるが、還暦を迎えたときに頂戴したご挨拶の中にこんなのがあった。「神様は人間を１２０年生きるように造り賜うた。而して60歳が還暦、人生の折り返し点。これからは毎年1歳、文字通り齢を取り、ゼロ歳になって土に還る」。この論で行けば、いま迂生は39歳、土に還るまでには多少の時間があるが、まだ知りたいことも山ほどある。くたばっているわけにはいかないということで、20年来続けてきた畑仕事とカラオケ、60年間の満員電車通勤など、いまの想いを整理してみた。

百姓道楽

昨今、田舎での暮らしが脚光を浴びているが、迂生も畑で仕事している時が至福の時間だ。１００坪余りの菜園で「今年のスイカは14・４kgあった」「苦節十年、ネットメロンの露地栽培に成功」とか他愛ないことを喜んでいる。弱るのは収穫物の処分だ。果菜類はまだいいが、葉菜類、根菜類の収穫過剰はどうにもならない。ご近所に配るといっても、玉ねぎを一度に50

個も持ち込まれては、夫婦二人の家庭では迷惑だろう。ホウレンソウや小松菜などの葉菜も同じだ。栽培面積を減らせばと思うかも知れないが、そうはいかない。大量に栽培し、大量に収穫することが楽しみなのだから。完全無農薬、完全有機栽培、趣味の域を超えた道楽になったこの遊び、結構お金もかかる。お叱りを受けるかもしれないが、昨秋のような野菜価格高騰は大歓迎である。

カラオケ

カラオケが健康に良い、認知症予防にもなると言われるが、これは当たりだろう。声を出す機会が減ってきたこのごろ、誰に遠慮することもなく大声を張り上げる、それも腹から声を出す。ストレスが発散する。健康にプラスにならない筈がない。カラオケボックスは有難い場所だ。

就寝前に腹筋運動を必ず30回やることにしているが20年間一日も欠かしたことがない。腰痛防止とか目的はいろいろあるが、要は腹筋の衰えを防ぎ、若々しい?声を保持、腹式呼吸のためだと思えばこそ長続きしているのだ。

月一度参加しているカラオケパーティでは全員が一人最低3曲を唄うことになっているが、迂生はそこでは同じ曲を2度歌うことはしないと宣言している。好きな演歌といえども新曲を毎月3曲マスターするのは大変である。しかしこれもリズムが右脳を、歌詞を覚えるのが左脳を鍛え、ボケ防止になると信じているから10年間も継続出来ているのだろう。

通勤生活

高齢化、少子化の時代に入り、出勤時の我が団地通過のバスはガラガラだし、かつて〝満員通過〟が当たり前の時代を思い出すと懐かしいが、ＪＲ高崎線の混雑振りは今も昔も変わらない。湘南新宿ラインや上野東京ラインの開通で便利さは格段に良くなったが、満員電車であることには変わりはない。朝は満員電車の中で立って日経新聞を読む、足腰を鍛える、これは数十年来の生活リズムの一環なっている。グリーンに乗って坐って悠々と新聞を広げる、これは性に合わないような気がする。尤も今は昔、新聞を見ている乗客は1車両に一人か二人、居眠りしている人以外は殆どがスマホだ。たまに運よく坐れることがあると何か得をした気分になる。これも悪くない。

Profile

兵庫県出身　1935年生まれ　神戸大学経済学部卒業。日本勧業証券㈱（勧角証券→現みずほ証券）、朝日投信委託㈱、勧角インベストメント㈱、三優監査法人、㈱インディペンデンツ（現㈱Kips）、特定非営利活動法人インデペンデンツクラブ、などで活躍。また1995年には大宮シニアライオンズクラブにチャーターメンバーとして参画し、幹事、会長、地区ゾーンチェア・パーソン等を歴任する。

身近な極楽は銭湯

大川安雄　１９３９年生

始めのころは銭湯は暇つぶしに始まった。他は、出張先の床屋と古本屋で暇をつぶしたと。のんきなことをいう大川さんは、幼い頃職人の父に連れられ家の近くの銭湯へ行き始め、父からマナーを学んだ。銭湯はみんなのもの、他人に迷惑をかけないことが原則である。主な注意点は、

1. 入浴前にトイレは済ます。
2. 体の汗や汚れを石鹸で洗ってから入る。
3. 石鹸をつけたまま湯船入ってはならない。
4. 手ぬぐいやタオルは湯船に入れない。繊維が落ちて汚すからだ。
5. 出るときも桶や腰掛けを洗って、次の人に迷惑をかけないことを教えられた。これさえできれば風呂は楽しい。湯船に長く入って、汗をかくのも周りに失礼と、湯船では体が温まったらすぐに出るという。

高校時代、陸上やサッカーで汗をかいた帰りに銭湯に寄ったのが病みつきになる初めだった。電機部品の会社に入社し、営業だったので、東京近辺担当時代は立川、武蔵小金井、三鷹と。そのたびに帰社途中の銭湯を見つけては入った。その後、大阪、山口、四国、仙台と転勤するたびに銭湯に入り続け、気がついたら400回位入った勘定になる。一日5回入った記録を持つ。銭湯ばかりではなく、転勤するたびに珍しいものを収集した。神社仏閣の絵馬、こけしなど。その内、石碑の文字を墨で写す拓本に凝り出した。拓本で一番好きなのは山頭火の「鴉啼いて私も一人」や尾崎放哉の「咳をしても一人」が、侘びしくても共感があって好きだという。

小さいときから落語が好きで、その軽妙さから川柳が好きになり、歌舞伎が好きになって、やがて拓本にたどり着いた。父親の口癖で「何でも10年やれば人に語ることが出来る」と言った。粋な道楽人生は計画的ではなく、人生の流れに沿うように築き上げられていった。都内で好きな銭湯は、スカイツリーを見上げながら露天湯に浸かれる御谷湯（墨田区）、軟水が優しい友の湯（江戸川区）、黒湯天然温泉の六龍鉱泉（台東区）を挙げる。

地方では、別府三大秘湯のひとつヘンビ湯、山の奥の奥まで行って発見の喜びがある湯で、泉質は極上とか。三朝温泉も有名だがお気に入りのひとつという。元来沸かすのを「湯」、蒸すのを「風呂」と呼ぶそうだ。蒸すすなわち床下に炭を起こし、石を焼いて、焼け石に水をかけて吹き上がった湯気が簀の子を通して肌を潤す、和製サウナが風呂であった。湯に浸かるのは江戸時代に生まれた新しい入浴法です。山中温泉や、山代温泉の「総湯」、鉛温泉に残るように湯船の深い立ち湯だった。洗い場は広く、世間話をしながらくつろぐ空間であった。「浮世風呂」と呼ばれるように、町の社交場になった。

大川さんの楽しみも湯に入るのが目的というより、湯にはさっと入って、お腹も空いたところで、近くの飲み屋で親しい仲間と一杯飲みながら趣味の話に興じることであった。１９９７年から、今では20年続いている東京入浴会に加わり、毎月26（フロ）日には、東京にどこかの銭湯の近くの居酒屋から大川さんの明るい声が聞こえてくる。

大分県別府市にある秘湯
へびん湯温泉にて

Profile

1939年6月21日生まれ
東京本所生まれ。四代続いた江戸っ子。１５歳年上の姉の世話で自由に遊ぶ人に育ち、金型職人の父の教えでけじめの大切さを学ぶ。電気部品メーカーの営業マンとして、東京、大阪、山口、仙台と転勤。趣味は落語、川柳、歌舞伎、拓本も多数。高校では陸上やサッカーなどの帰りに汗を流した銭湯が病みつきに。退職後は遊び人として、趣味を楽しんでいる。

常に人に感謝、道は拓ける

永木富夫　1938年生

私は、父の仕事の都合で韓国や中国で8歳頃まで過ごし、朝鮮黄海道海舟にて終戦を向かえました。ロシア兵が進駐の中、父はシベリヤ強制抑留されてしまい、男装した母親と乳飲み子の妹と私は朝鮮人の案内でソウル市に向けて、夜中の山中を鉄道、鉄橋を、ロシア将兵の自動小銃とサーチライトをかいくぐり、徒歩にて板門天を経由し、38度線突破しソウルに到着後、釜山港より荒海シケのなか船に乗り、博多港に無事到着しました。

愛媛県伊予市八倉（父親の故郷）に身を寄せて、農作と果樹園の手助けをしながら私の作付した南京かぼちゃを背負い道後温泉街にて売り歩き、昼食は松山城の土手で水筒に詰めた麦入りの粥をすすりながらの生活でした。母親の祖父のすすめで姫路市営住宅に同居し、祖父の作ったさつまいもの餡入り餅を闇市で立売りしたり、姫新線の煤煙で真っ黒になりながら闇米販売の為岡山津山市へと買い出しに出かけ、主計を助けていました。

１９４８年に父が病身の体で帰国後、生鮮食品や野菜の行商を始めましたが、父はとうとうマラリヤと肺結核で入院。更に生活困窮の中、私が登校時間迄、早朝より卸市場でアルバイトで生活費を確保、母親も昼間は鉄工所でヤスリ掛け、夜は着物の仕立てをし、寝る時間をけずりながの日々でした。

このような貧困生活が、中学高校生迄続くなか、私はアルバイトの関係で毎日1時間遅れで登校していました。卒業を認められた時、学校には感謝の言葉もありません。

当時の制服は中学生の時以来、高校卒業まで同じもので私自身が手縫いで手直しし、色も黒から茶色の変色したものを着用していました。したがって卒業旅行も参加しませんでした。トレーニングパンツも私がパターンを起こし、ミシン掛けで作ったものを着用していました。

工業高校機械科を卒業、明石のハカリメーカーで技術職員として入社。素晴らしい上司に恵まれ、社内部品加工専用機や匁物の設計の手伝いをする傍らVA（value analysis）部門に抜擢され、同一工場内に製品完成までの作業がすべて可能な部署が完備されているので大正時代から使用されていた古い設計図を徹底見直し、儲かる図面に仕上げていました。

１９７４年に同会社を退社した動機は、時代の進歩により、数値制御（コンピューター制御）を習得した新卒者には太刀打ち出来ず、退社を決意した。

人間食い詰めたら〝うどん屋〟の格言通り、㈲永富食品を設立、手打ちうどん屋を開業。出汁に関しては、技術屋の端くれ、塩分濃度は血液に近い１・１％。出汁の濃度は４％とし売り出したのが大当たり。気を良くして株式会社釜福を設立。宴会場も併設した大型店舗の直営とチェーン化し東京、京都、兵庫県内の各都市に32店舗を展開するにいたりました。その後は、有限会社ナガキテイスティサービスを設立。冷凍うどんの製造に着手し業務店の卸と宅配サービスを始め、関西冷熱㈱の開発能力にたけた若き社長と業務提携し、急速冷凍機、氷蓄熱の開発及び冷熱を応用した〝フロン回収装置〟遠赤セラミクスを応用の水処理や健康グッズ各種の通販による様々な事業を展開してきました。現在㈱NTトラストにて不動業を始め、兵庫県内を中心に賃貸、売買の仲介業をしております。数は少ないですが実績として、韓国ソウル近郊の〝京畿道マチヨンドン〟の土地や、馬山近くのポンサム工業団地の紹介等しています。尚現在は長男に社長を渡し、昨年は本社をJR加古川駅徒歩5分の立地に移転し、営業を展開しております。

中国、北朝鮮の国境に横たわる、白頭山の頂上"天池"。極寒の日でも年中、凍結しません。

Profile

1965年ハイテク専門商社、エヴィック㈱を創業し、23年間代表取締役を務め、従業員120人売上85億円まですするが、1988年上場準備に入った時、会長になり、1992年5月エヴィック㈱を退社、同年10月に㈱メタリンク代表取締役に就任、VC業務並びにVB育成コンサルタントを開始する。新しいベンチャー（留学生支援）起業数社の立ち上げを指導。2015年9月ゼロワンクラブ,LLPを創設し、起業家支援中。

83年間の人生を振り返る

眞崎達二朗　1933年生

私は、大学生時代には恩師に学問的資質を認められ、学者になりたかったのですが、経済的な事情で泣く泣く断念し、都市銀行に就職しました。

都市銀行でいくつかの支店長を勤めましたが、営業店で部下を率いて先頭になって突進する第一線部隊長としての資質能力には欠けていることが痛感されました。そのため私の心は、頼みとする学問的資質に対する自負と現実の仕事の狭間で揺れ続けていました。

振り返ってみれば、銀行勤務の29年間は、自負と仕事の現実との葛藤の日々でした。

1986年（昭和61）銀行退職後、或る製薬会社の経理部長をしました。経理部は損害保険の管理も担当で、どう対応すべきか損害保険会社に教えを乞いました。

そこでリスクマネジメントに出会い、製薬会社でリスクマネジメントを実践しました。

1991年（平成3）に銀行系列の損害保険代理店に勤務することになり、銀行時代の企業分析・財務分析能力・製薬会社時代のリスクマネジメント実践の体験・損害保険業界の知識・これらを総合したリスクマネジメント、就中リスクファイナンスを研究・実践すべきだと確信しました。

1999年（平成11）にサラリーマン生活が終わった後は、リスクマネジメントで実務と学問を結びつけることにより「銀行員になったことは私の人生で無駄ではなかった」ということを実証したい、との思いで毎日を過ごしています。

83年も生きていると色々なことがあります。

1985年（昭和60）8月12日（月）に大阪（伊丹）行日本航空123便が、御巣鷹の尾根に墜落しました。私は123便に搭乗する予定でした。その日は午後6時から銀座で法学部同窓会の幹事会があり、私は欠席の返事を出していたのですが、前週の8日（木）にふと「時には同窓会の会合に出席しなければいけないかな」と思い、幹事に電話をしました。「時には出席して下さい」とあまり熱心に言われるので翌13日（火）の朝の便に変えました。

満52歳1日で一生を終えるところでした。

8月12日は母の命日です。母が守ってくれたのだと信じています。

生き残りの人生有意義に過ごさねば！

岐阜支店在勤中に、お得意様である日本ばら会会員のお医者様から1年間のバラの手入れ方法を詳しく教えて頂きました。我が家のバラは今年もお正月まで咲いてくれています。

佐賀高校の同期が芸術院会員のバリトン歌手栗林義信さんです。そのご縁で彼が東京二期会理事長時代10年間監事をしました。無給でしたが、お礼が公演ごとのチケット1枚。お陰でオペラのプログラムが40冊溜まりました。

願わくば、生涯現役で生を終えたい。これが今の私の心境です。

我が家を彩るバラ

Profile

昭和8年（1933年）8月11日生。小・中・高は九州佐賀で過ごす。京都大学卒業後、都市銀行に就職。銀行退職後は製薬会社・保険代理店・外資系出版会社等に勤務。現在はリスクマネジメント（特にリスクファイナンス）のコンサルタントと日本ナレッジマネジメント学会リスクマネジメント研究部会長（現在第100回）。趣味はバラの栽培とオペラ鑑賞。

コペルニクス的転回

田畑瑞穂　１９３８年生

世の中、フィンテック、ビッグデータ、ＡＩ、ＩＯＴ、さらには第四次産業革命論等、社会に変革をもたらす技術に関する議論があふれている。また、量子物理論の研究成果が絡々と発表され、まさに天動説が地動説に取って代わった様な大変革の時代に入っていることを実感する。

今、自身のサラリーマン時代をふり返ると、まさに天動説、自分を中心に世界は廻っている様に感じていた。高度成長の真っただ中、太く短くこの世を疾走して50歳位には人生を終えようと思っていた。そのためには時間を人の３倍は効率よく使わねばならぬ。

１／３を仕事に、１／３を勉強に、１／３を趣味に使おうと決めた。読書、書画、陶磁器等、美術の鑑賞、映画、演劇、落語等の鑑賞、囲碁、麻雀、登山、テニス、野球、ボーリング等、手あたり次第楽しんだ。特に音楽は、邦楽、民謡、演歌、クラシック、オペラ、ミュージカル、ジャズ、民族音楽、ロックにいたる迄、存分に楽しんだ。車の運転はスピード狂で、ヨーロッパ大陸、英国をかけ巡り、各国の美術館、博物館を訪れ、各地の銘酒を堪能した。ゴルフも大好きで、日本では理事長杯、公式競技でのホールインワンも達成。アマチュアの英米戦、ウォーカーカップの舞台にもなるスコットランドの名門ゴルフクラブの会員にもなり、イギリス、アイルランド他、世界の名コースを数知れずプレーしてまわった。自慢の一つはセント・アンドリュースで、あるコンペで優勝しクラブの名を刻んだカップを持っている事である。

こんな日々を送っていて、いつ、どの様な仕事をしていたのか。実行していたのは次の2点である。即ち、短時間に集中して手数料収入を上げる事。また、組織、会社に必要な新しい仕事を工夫する事である。例えば、韓国、台湾、シンガポール等の国の資産を対日投資の推進、投資銀行業務を行いながらファンドの運用方法、タックスヘイブンの研究等を進めた。

オランダ、イギリスの赴任の頃から自分の考え方に変化が表れた。〝天動説から地動説〟である。各国の民族、宗教、歴史等、文化を見聞きする事により、相対的な物の見方、複眼の思考を培うこと出来た。帰国後、ベンチャー企業の発掘育成、東南アジアへの進出企業支援等に関わり、シンジケート業務、デリバティブ業務を統括推進、リスク管理部門、金融商品開発部門の創設に力を尽くした。

１９９７年、山一證券が自主廃業し、約半年間海外資産の整理、契約の解除等に携わった。百年の歴史を誇り、日本の産業の発展のために証券業を通して貢献して来た会社が亡くなることは非常に残念だったが、高度成長の過程で産業の資金調達、運用、特に海外部門の業務に携わり、微力だったが歴史の一部に関わる事が出来たのは幸いだった。

退職後、日本最古のベンチャーキャピタルの顧問、ドイツの経済学者が主催する国際ファンド、投資顧問会社の役員を務めた。その後、縁あって美と健康、環境の分野に転進。それ迄に培った知識、経験、人脈をもとに、東南アジア特にインドネシアを中心に業務を進めている。

コペルニクス的転回の時代にあって、理性偏重の西洋近代文明の行きづまりを打開するためには、いにしえの復興により人間性を回復し、そうする事によって、科学技術の驚異的な進歩をコントロールして、世界中の人々が健康で幸福な一生を送る事のできる状況を作り出す事が出来るだろう。残された人生を人々の健康、幸福に役立つよう、努力して終えようと思う。

Profile

鹿児島県に生まれ。東京外国語大学卒業後、山一證券に入社。国内外の営業に従事、オランダ、イギリスで投資銀行業務を担当した。帰国後、引受業務、国際企画、東南アジアへの進出企業への支援などを行い、その後理事としてシンジケート、デリバティブ業務を統括した。
退職後、東南アジア、特にインドネシアを中心に美と健康、環境問題に取り組み、日本の技術・考え方を伝えて、人々が良い、幸福な人生を送るためのお手伝いをしている。

デジタル機器でシニアライフを楽しく

若宮正子　１９３５年生

高校卒業後、60歳過ぎまで都市銀行に勤務。リタイア後は自宅で母の介護をしつつ、パソコンライフをはじめる。

パソコンとインターネットが使えたことで、自宅から一歩も出ることなく、たくさんの友人と多くの情報が得られるようになった。また、ネット上での老人クラブであるメロウ倶楽部の前身に入会し、そこで多くの先輩・友人に恵まれた。以来、20年以上、メロウ倶楽部ライフを楽しんでいる。

介護生活10年後に母が亡くなってからは、自由に外出できるようになったので、自分の経験を多くの同世代の人たちに伝えたいと活動をはじめた。そのひとつとして自宅で同世代向けのささやかなパソコン教室を開いているほか、様々な分野で、シニアのデジタルライフの指導・教材の開発などに取り組んでいる。

活動は国内のみに留まらず、台灣博物館で開催された「レガシーアート10周年（口述歴史10

周年 創意樂齡嘉年華（台湾）」で講演を行ない、現地の新聞に紹介されるなど、海外へ出向くこともある。

また、本人の楽しみとして、デジタルガジェットを活用した「ＤＩＹ」にも取り組んでいる。例えば「ExcelArt（エクセルの塗りつぶしや罫線を利用した図案つくり）」や自分で設計した簡単な図面をもとに「３Ｄプリンター」で自分のためだけのたったひとつのペンダントを作るなど。

なお、目下「シニア向けのスマホアプリの開発」にチャレンジしている。これはスマホのアプリのなかに「シニア向けのものが少なく、それがハイシニアがスマホを敬遠する理由の一つとなっているため、シニアの喜びそうなアプリを作ろうという動機ではじめたもの。製作中のものは「お雛様を飾りましょう」というゲームで、雛壇の正しい飾り方についての知識がないと勝てないというシニアに有利なゲームである。

ここからはシニアとしての主な経歴を記しておこう。

２０１１年以降メロウ倶楽部副会長。２０１２年以降ＮＰＯブロードバンドスクール協会の理事として、高齢者へのデジタル機器の普及・指導等の活動をしている。２０１４年、TEDxTokyoでスピーカーを務めた。これにより国内・海外に多くの世代の異なった友人を得ることができた。２０１５年「ニューエルダーシチズン大賞」を受賞。この賞は、社会活動などに精力的に取り組む70歳以上のシニアを顕彰する制度。（主催＝読売新聞社　後援＝厚生労

働省　審査委員長　日野原重明氏）

「マーチャンがゆく」「熟年さんのパソコン物語」「パソコンで生き生きシニアライフ」「花のパソコン道」などの著書を上梓した。

80歳になってからはFacebookで「エイティーズの冒険」シリーズを連載し、そのなかで、「スマホの密林を探検する」「マイナンバー劇場」「高齢者の自立を助けるためのささやかな提案」など、シニアのデジタルライフに関するレポートを連載しているが、これには異世代の人達を含め多くの読者から、たくさんの反響をいただいている。

以上のように、多くの方々のサポートと激励により81歳の現在も、充実した楽しいシニアライフが送れ、かつ、ささやかながら社会貢献ができることに感謝しつつ毎日を送っている。

Profile

60歳を過ぎてからパソコン、インターネットに親しみ、シニアへのPC指導・教材の開発などに取り組んでいる。また、「エクセル・アートの考案」「３Ｄプリンターでのペンダント作り」「ハイシニア向けのスマホアプリの開発」等、デジタル機器の楽しい使い方を考案することに興味を持つ。Facebookに、シニアの視点からみたデジタル機器の使い勝手についての意見を連載。現在は「高齢者の自立を助けるためのささやかな提案」を連載中。

77歳―それは人生の1つの通過点―これからは狂おう！

堀部武司　1939年生

有り難いことに、我々日本人は100歳まで生きることが夢ではなくなりました。

この天から与えられたチャンスを、目一杯、有意義に生きようではありませんか。

今までの人生は、世間様の顔色を見、時代に調子を合わせ、人におもねって、何とか生き抜いてきました。しかしこれからは、自分のホンネで生きようではありませんか。

77歳は人生のひとつの通過点。残された時間は段々と少なくなっているのは事実です。

家の中に引っ込んで、何もしないのではなく、生涯現役――パタッと倒れるまで、社会に出て、活躍しようではありませんか。

そのためにはまず、健康。わたしは金曜日と日曜日の午前中は太極拳をやって心身を鍛えています。

60歳の還暦を迎えて、「これからどう生きていこうか？」と考えた時、今までの人生、ひとりで生きて来たのではなく、色々な方々にお世話になってきたことに気付き、これからは多くの人たちの心のケアをすることによって、恩返しをしていこうと決めました。

それから心理学の勉強を始め、悩んでいる方々に、心理カウンセリングをし、カルチャーセンターで、心理学のセミナーをして来ました。これらを集約して、２冊の心理学の本も上梓しました。

今年からは毎月、心理学セミナーを開催して、皆様のお役に立つことにしています。

最初はまず、「笑いの心理学」。今の人は何か暗い。明るさが欠けている。もっと笑おうではありませんか。忘れていた笑いをもう一度、取り戻そうではありませんか。

次の段階は、「生きがい」を見つけ、自己実現を目指していきましょう。

自分の生まれてきた意義を明確にして、やりたいことをやり抜こうではありませんか。

残り時間は限られている、生きている間に目的を果たせないかもしれない。それでも良いではありませんか。人生は死でもって、終わるのではなく、死は生の延長線にあるものだから、生きているうちに完結させようとしなくても良いのです。

アントニオ　ガウディは、「ザグラダ　ファミリア教会」を設計しましたが、これは完成するまでに、２５０年を要します。つまり自分が生きているうちに完成させようなんて、全然、考えていなかったのです。

最後に、わたしが目指しているのは、古代中国の叡智である「荘子」の生き方、考え方です。

小さな枠の中に縛られるのではなく、もっと気宇を壮大に持って、「自分らしさ」を精一杯に拡げ、生死を慮外、意識しない生き方です。

世間様から見たら「あの人は狂っている！」と思われても、かまわないじゃないですか。作られた虚構の「常識」の世界から飛び出して、「非常識」の世界に生きようではありませんか。ただ自分の心の赴くままに、残りの人生を楽しんだら良いではないですか。

Profile

大阪府立大学航空工学部卒業、電気設備工事業の営業および経営、少林寺拳法初段、住宅建設の近隣対策など。60歳から心理学を学び、ビジネスに役立つ「ものの売り方」を伝授。また心理カウンセラーとしても活躍。現在は人が共に生きていくために必要な「生きがいと笑いの心理学」を伝える。さらに「営業代行」として企業の営業活動を支援業務を行なう。
著書：明るく楽しく生きるために「ピンチ脱出の心理学」、自分を磨きだすために「あなたに役立つ心理学」

日本中小企業の生きる道は海外企業との提携と技術指導

小西眞裕　１９３５年生

１９３５年（昭和10年）東京に生まれる。１９５８年（昭和33年）東北大学工学部を卒業後、アジア石油に入社、横浜新製油所の建設を担当し、日本最初の工業制御用コンピュータを開発し、１９６７年日本ＩＢＭに入社し、１９８０年まで企画、営業、開発各分野の管理職を歴任し、国際的なプロジェクトに参画してきた。１９８０―１９８３年の期間は日本 Data General の取締役営業本部長として日本、韓国、中国市場を開拓し、１９８３年に世界最初にパソコンを開発したベンチャー企業のソード（SORD）に入社、米国ベンチャー企業と共同で小型32 bit パソコンを開発し世界市場で販売し、米国ソードの執行副社長として Laptop Computer 市場のパイオニアとして活躍。

１９８６年4月米国ニューヨーク郊外の New Jersey 州 Englewood Cliffs 市にハイテクコンサルティング企業 JCC Technologies, Inc 社を設立し、最先端米国ハイテクベンチャー企業を日本、韓国に紹介し、戦略的事業提携（共同開発、販売提携、技術移転、投資）を推進してきた。

コンサルティング契約先日本企業としNTT America、ＮＴＴ本社、ＮＴＴデータ、日本ＩＢＭ、ソニーＵＳＡ、日本ビクター、沖電気、ダイキン、伊藤忠商事、住友電工、Ｓ＆Ｉ、古河電工、沖電気、新日本製鉄、京セラ、ユアサ、日商エレクトロニクス、電気通信高度化協会などがあり、主要提携支援成果としては日本ビクター/Hughes Aircraft、京セラ/Laser Data、沖電線/ModTap、日商エレクトロニクス/Spinnaker Software、ダイキン工業/Computer Technology、ＮＴＴデータ/三星データ、ユアサ/三星電管などがあり、企業戦略支援面ではNTT, SONY、三星電子、DACOMなど各社の米国進出戦略を支援、現在も米国、日本、インド、南アフリカ、シンガポールのハイテク企業を対象にハイテク・コンサルタントとして事業支援を行っている。１９９５年―２０００年には日本のハイテク分野で数社の設立・経営に寄与し、２００１年10月には株式会社アイスクルーの取締役会長に就任し、２００６年12月には中国西安に西安日科工業技術有限公司を設立し、董事長に就任し、２００８年8月に日本独自技術を海外に展開する株式会社ＡＩＣ（代表取締役）を設立、２０１３年4月に一般社団法人ｅ世論協会設立に参画し常務理事・事務局長に就任し日本の政治を正しい方向に電子投票で世論を集めて提言している。２０１４年にはミャンマージャパンセダ東京の設立に参加し、常務理事・事務局長として日本とミャンマーの企業提携に貢献している。２０１５年には日本と中国との提携推進で株式会社国際戦略コンサルティングの代表取締役社長に就任し、中国科学院と日本企業との提携を支援している。
現在下記の企業経営に参画している。
株式会社AIC　代表取締役会長（本社　東京都港区）
株式会社国際戦略コンサルティング　代表取締役社長（本社　東京都新宿区）
一般社団法人e世論協会　常務理事・事務局長（本社　東京都練馬区）
ミャンマージャパン・セダ東京　常務理事・事務局長（本社　東京都練馬区）
NPO 科学技術者フォーラム　会員（本部　東京都中野区）
NPOアジア起業家村推進機構　会員（本部　神奈川県川崎市）

Profile

日本の中小企業で独自の先端技術を持つ企業を支援し、海外企業で日本の先端技術を探して提携したいとの企業との提携を促進するために、2008年に日本にて株式会社 AIC(AIC Corporation) を設立し、現在日本企業20社以上を支援し、海外ではアフリカ、インド、シンガポール、マレーシア、ミャンマー、ベトナム、中国、香港、台湾、エジプト、トルコ、ドイツなどの企業との提携を支援している。

お客様を大事にしたことで勝ち抜いてきた人生

小宮山正嘉　１９３８年生

人生というのは偶然の重なりです。高校を卒業後、普通にサラリーマンをしていたのですが、知り合いの牛乳販売店を引き継ぐ人が誰もいないということで頼まれ、私が引き継ぐことになりました。お得意先のお店を回っていたとき、興味を引く光景が目に入ってきたのです。東京から来たという営業マンがいて、そこには10円を入れてお菓子をつかむ子供用の遊戯施設があったのです。これは面白いと思い、その営業マンを事務所に呼んで説明を受けました。そしてその機械の販売を始めたのです。それが現在の事業の出発点です。

以前は観光地の旅館やホテルには遊戯施設がありました。そういったところの遊戯施設はメーカーが売りっぱなしで、あとは知らないという状況でした。それではいけない思い、自分の会社ではリースを始め、アフターケアをしっかりとさせました。修理もやりました。それにより得意先を一件ずつふやしていき、夜寝るのも惜しんで販路を増やしていきました。

新たなことをやって売り上げがあると、真似をする同じような業者が後からどんどん続き、過当競争になります。そして市場が乱れます。我が社も倒産寸前まで追い込まれましたが、苦しいのは他の会社も同じで、同業他社は徐々に減ってなくなっていきました。そこで耐え抜くと新たな波が到来します。

その後もその繰り返しです。ボウリング場もいち早く経営しましたが、ボウリングが流行するとそこでも同業他社が次々と参入し、たちまち苦しくなります。そこを耐え抜くと、次はカラオケブームがやってきて、また同じことになりした。

しかし、同業他社が次々と撤退していくなかで、なぜ我が社だけが残ることができたのかと言いますと、まずは絶対にあきらめないという強い気持ちと、お客様を大事にするという姿勢です。固定客がしっかりしていたことで、しんどいときも耐え抜くことができたのです。

今では地元で、遊技場の経営、カラオ

Profile

有限会社タワラ商事代表取締役。
新潟県出身。牛乳販売店からスタートし、ゲーム機器、カラオケ機器のリース販売、カラオケボックス経営など地元の遊戯施設を一手に経営する。

ケボックスの経営、ゲーム機器、カラオケ機器のリース及び販売、健康機器のリース及び販売、コインランドリーの経営などの事業を行っており、かつて過当競争時代の同業他社はほとんどいなくなりました。日本カラオケボックス協会連合の新潟県加盟協会の会長も10年務めました。

人生にとって大事なことは、とにかく自分の仕事に愛情を持ち、何でも興味を持って、やりたいことをいっぱい持つことです。八方美人というと良い印象がありませんが、私は仕事や趣味においてはそれでいいと思っています。常にその気持ちを持って生涯現役で頑張っていきたいと考えています。

ボケない秘訣はみんなで楽しむ麻雀にあり！

清末隆子　１９３５年生

日本が戦争へ向かい重苦しい空気に包まれつつあった１０３５年、私は東京都で生まれました。１９５９年に主人と結婚。その2年後にその主人が脱サラしてプラスティック製造工場を立ち上げました。私はその会社で経理の仕事に従事することになったのです。昔だから普通のことかもしれませんが、当時は主人や従業員、取引先などがよく卓を囲んで麻雀をする機会が多かったんです。私も自然と参加する回数も増え、いつしか麻雀が趣味へと変わっていったのです。

今から12年前から、ＮＰＯ法人・生きがいの会が運営する「松渓ふれあいの家」（杉並区）において介護ボランティアを続けています。そのボランティアの内容はというと……実は「麻雀」なんです。少し物忘れが多くなった方や女性で今まで麻雀をしたことがない方に、私が教えています。主人は10年前に他界しましたが、このボランティアはその後もずっと続けています。

教えるだけでなく、私自身も麻雀が大好き。元々、友人とよく卓を囲んでおり、今でもまだ現役で、いつも牌とにらめっこしています。特に男性との麻雀は楽しいです。昔、会社の従業員や取引先の皆さんと卓を囲んでいたころを思い出します。

今は息子夫婦と二世帯住宅に住んでいます。でも、二世帯でもあり私は完全に1人暮らし。料理も自分でつくるし、仲間と店でワイワイとおしゃべりするのも楽しいです。何より、私はほとんど家にいません。いつも外に出て活動しています。麻雀もボランティアで教えることも、自分で楽しむのも大好きです。車の運転も自分でします。車で色々なところに出て行くのが楽しいですね。

モットーは「楽しんでやろう！」です。アクティブなヒトのまわりにアクティブな人が集まってくると思います。どうせやるなら楽しまなければ損です。私はそう考えてしまうんですよね。だからこの年齢になっても、いつも外出しているし、仲間とワイワイと麻雀ができるのだと思います。

今の生きがいは、やはりボランティアで活動しているときです。「松渓ふれあいの家」だけでなく「ゆうゆう西田館」や「ゆうゆう荻窪館」（共に杉並区）にもよく顔を出して皆さんと色々とお話します。ボランティアは楽しいです。何よりさまざまな年齢の方々と触れ合うことができるのですから。麻雀やっていてもそうです。色々な方と話をしたり、笑ったり。男性も女性も卓を囲んで楽しくやっています。やっていくうちに大変なこともありますが、元気なうちはできる限り続けていきたいと思います。何事も「楽しまなければ損ですから」。

Profile

昭和10年、東京都生まれ。81歳。昭和34年に結婚。その後、主人が脱サラをし、プラスティック製造工場を立ち上げることに。その後は主人の会社の経理の仕事の従事しました。10年前に主人が亡くなり、現在は施設で趣味の麻雀を楽しむ毎日。家にはほとんどおらず、外出がとにかく大好き。何でも楽しんでやることがモットーです。

食物から日本の再生を　自然と共存した農業への目覚め

林　吉明　1936年生

80歳を過ぎてもまだ新潟県小千谷市で農業をやっています。とても充実した生活を送っていますが、ここまで来るのに紆余曲折ありました。

私は現在で言う新潟県の南魚沼市で生まれ育ち、家業は農家でした。ところが当時は高度経済成長期で、都会からのスキー客が増え、スキー場での販売業や旅館などの事業に手を広げ、二足の草鞋どころか三足の草鞋といったように、事業を広げていきました。景気の良かった時代はとても忙しかったです。

ところが、世の中は徐々に不景気となり、スキー客も減少し、事業は倒産することとなりました。これからどうしようかと考えていた矢先、２００４年に新潟中越地震が発生し、ボランティアで小千谷市に行きました。復旧は順調に進み、荒れた田畑も綺麗に元通りになっていったのですが、それを耕作する人がいないのです。

このあたりの地域は過疎化が進み、村がどんどん消えてなくなっていくという状況でした。

地震がその流れを加速させたようにも感じます。せっかく綺麗に復旧された農地をそのままにしておくのはもったいないと思いました。

そこで私は根っからの百姓だったこともあり、もう一度農業をやってみようと思い立ったのです。元々所有していた農地は事業の倒産で失ったので、震災のボランティがきっかけで訪れたこの小千谷市で、農地を借りて農業を始めることにしました。

農業を始めると、今までになかった楽しい生活が待ち受けていました。稲穂の顔を見ていると嬉しくなってくるのです。自宅から小千谷市は車で往復2時間にもなりますが、お陰様で体だけはどこも悪くなく、楽しく通っています。

私が取り組んでいるのは稲作で、ミネラルを使うと肥料を使わなくてもすくすく育ち、虫もつかなくなります。今の食物はミネラルが不足しています。精神的に病んでいる人や、犯罪を起こす人が増え、荒んだ世の中になってきているのは食べ物にミネラルが不足しているからだと考えるほどです。

私が最近特に力を入れているのがアートテン農法です。これは天味の食材を作り出す大自然農法であり、自然界との共存、調和と思いやりの心(利他愛)を基本とするものです。『医農野菜』とも呼ばれ、育てる人（生産者）や食べた人（消費者）の心と身体を細胞レベルから元気にさせる効果があり、人間の健康に大いに寄与する無限大の可能性を秘めた農法です。

これからの農業は化学的なものはなるべく避けながら、自然を守り、自然と共存していくべきだと考えます。

収穫したお米はＪＥＳ相互扶助会を通して全国に販売しており、売れ行きはどんどん伸びています。先ほども述べましたように、農村の過疎化がどんどん進み、せっかくの農地が無駄になってしまっています。昔の農業はかなり重労働で体力が必要でしたが、現代の農業は車が運転できれば簡単にできます。これから定年退職を迎える人たちにとっては、農業は第二の人生を楽しむ絶好の機会になると考えています。第二の人生で日本の食の未来を変えてみませんか。

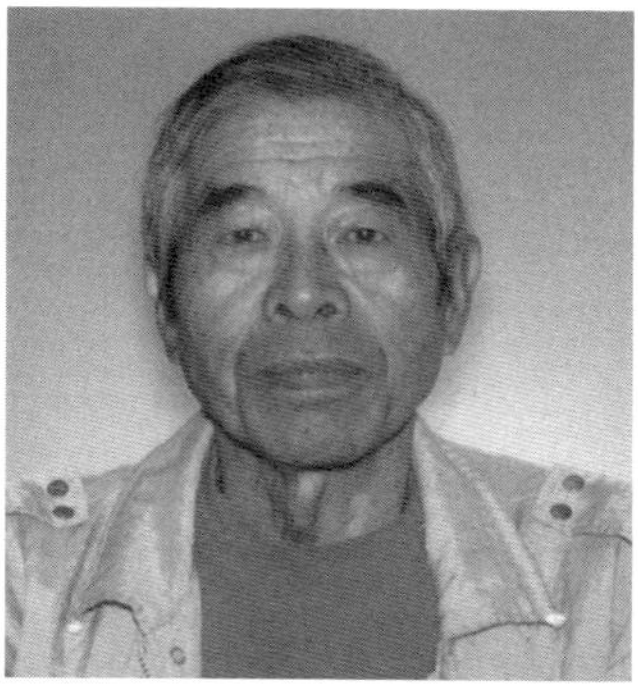

Profile

新潟県出身。元々農家であったが、スキー場での販売業や旅館業を展開。不況により事業で失敗してからは、新潟中越地震をきっかけに再び農業を始める。ミネラルを駆使した自然との共存農法で収穫されたお米は好評を得ている。

わが人生を豊かに彩る奇跡の生涯現役

高橋育郎　１９３５年生

　私は国鉄在職中、国鉄のコマーシャル・ソングを4曲レコード化し、キングなどから発売した。１９８７年に国鉄は分割民営化したが、当時民営化を阻止しようと増収対策提案が叫ばれ、私は熱心に応えた結果、１９８６年「5年に一度の提案年度賞」を受賞した。

　ＪＲに替わったとき、第二の人生は自分の好きな道を歩みたいと、木の葉の船で社会という大海へ冒険の船出をした。そこでライフ・ベンチャー・クラブ（ＬＶＣ）という救助船に救われた。ＬＶＣでは、先ず「得意技は何か」問われた。私は音楽、とりわけ歌と答えた。すると、「では、その得意技に磨きをかけて、世のため人のために役立てなさい。それを生き甲斐にして実践することこそが生涯現役の核心だ」と教えられ、以後、私はこの生涯現役実践法の教えをライフワークと忠実に受け止め、励んだ。結果は、想定以上の数々の奇跡に遭遇した。

　ＬＶＣはいうなれば異業種交流の場である。当時から生涯現役実践道場と呼んでいた。各自の脳力を発揮させ、真剣勝負に挑むのである。また相互の助けあいの場になり、私は恩恵を被った。代表から、月例のセミナーで「みんなで歌いましょう」の歌唱指導の時間を持たせて頂いたことだ。さらには協力者が現れ、私に世間に出て歌の会を始めるよう導いて戴き、我ながら思わぬ形で定例合唱実践会に発展することができた。それが今日に続く「心のふるさとを歌う会」である。１９９２年12月のことだった。

また、自作合唱曲をレコード化したことで、音楽著作権協会（ジャスラック）につながり、作詞作曲の道も開け、憧れの日本童謡協会にも入会できた。しかも「行動人」という月刊誌に投稿した『童謡へ生涯現役の夢かけて』の論文が奨励賞入賞をいただき、励みになった。

１９９９年には、21世紀のカウントダウンが銀座４丁目で開催され、わが歌の会も中央区の合唱団４団体に選ばれ、夜空に舞い飛ぶ風船を見上げて「ゆく年くる年」を歌い上げた。

そして２０００年にＬＶＣは、銀座８丁目から、いまの東京駅前八重洲に移った。この時、私は事務所のお手伝いに上がったが、半年ほどで今度は著書執筆に没入するため、自宅中心の活動に専念した。著作は立て続けに「ああ国民学校」「昭和追憶」「駅の博物誌」「実録新制中学」を刊行できた。

２００１年、童謡祭では画期的奇跡が起きた。私の創作詩「大きな木はいいな」白川雅樹作曲が21世紀の童謡歌唱になり、２０１０年の「全国童謡歌唱コンクール」（愛知県豊田市）で金賞を受賞、その後も銀賞２回受賞、童謡祭には幾度も出品し、10曲を超えている。

こうして私はこの頃から「奇跡の作詞作曲家」と言われるようになった

さて、２０１５年になるとほぼ同時に、三つのプロジェクトが順次始まった。（１）絹の復活、（２）童謡１００年、（３）東日本大震災復興支援「絵本『ひまわりのおか』朗読会」のテーマソング「ひまわりの咲く丘」全国展開。以上、いずれも元をたどればＬＶＣの人脈がらみから発生している。まさに人脈は金脈といっていい。しかも、いずれも私が憧れていた世界の実現であるから、喜びと感謝でいっぱいである。

一昨年は習志野市60周年で、ゆるキャラが生まれ、テーマの「ナラシド♪どんどん音頭」を依頼され、作詞作曲した。82歳になろうという今日、いつでも青春の気概で日々取り組んでいる。想えば「生涯現役」は生きていく上での生き甲斐であり、恩恵である。「ああ、有難きは生涯現役!!」である。

Profile

1935年3月東京赤羽に生まれ、戦時下の国民学校を経て、戦後633制のもと新制中学から高校、1953年卒業、1958年中央大学法科夜間部を卒業。1953年国鉄に就職。東京駅をスタートし、東海道新幹線開業に伴う広報担当、東京〜千葉間線路増設に伴う駅舎改良に当たる。房総地区管理、駅長等経てJRを1年経験して1988年退職。同年ライフ・ベンチャー・クラブ（LVC）に入会。日本橋にて1992年から「心のふるさとを歌う会」主宰。

みんなが楽しめる音楽スタジオをつくってみた

鈴木義智　1937年生

好きが高じて音楽スタジオを作ってみた。77歳を過ぎてからだ。子供の頃から音楽は好きだった。

東京の深川で9人兄弟の上から4番目で長男として1937年に生まれた。1945年3月10日の東京大空襲で家を失い、家族全員が田舎（実家）に逃げ帰った。戦後 私の父は屋根工事業を結構盛大にやっていたが、人に騙され、しくじってしまった。貧乏でどん底の生活も味わった。子供のころから音楽が好きだった私は、特にジャズが好きで、大人になったらミュージシャンになりたいと思っていた。

大学に進学すると音楽クラブに入った（昼間部、一般学生クラブ）。すぐに認められるようになって、演奏メンバー選出では1年生の時からレギュラーに選ばれ、2～4年生ではほとんど主役でした。当時大流行の、ペレスプラード楽団、マンボなど、そのバンドと同じような編成で演奏曲目も同じような曲を演奏していた。夏休みになると、各地方出身の人達の組織、県人会、その各県人会の連携で、各地方の公会堂などで演奏会が企画され招かれる。もちろん費用も負担していただける。このような演奏旅行で各地方を巡ったものだった。私は夜学に通っていたので、昼間は仕事をして夜は授業そっちのけで音楽活動をやっていたら、単位が足りなくなり、補講を受けてどうにか卒業できた。

子供のころから音楽が好きで　大人になったら夜遊びがもっと好きになった。ときどき赤坂あたりのクラブに飲みに出かけ、ピアノ伴奏でいろいろと歌った。当時はまだカラオケはないので、そのたぐいのお店には、バンド演奏するミュージシャンがいた。ちょいちょいその店に行って歌ったりお客の皆さんと楽しく話したり、時も忘れてあとの後悔数知れず。ちょいちょいと言っても限度がある。少し間をあけて行かずにいるとそのお店から電話が入る。そのうちお金はいらないから顔出してと言われ、そして、またそのうちお金払うから毎日来てと言われる。それがきっかけでギター弾き語りをやり始めるなど、昼間は大工仕事をやりながら、そんな生活を送っていた。

２０１５年の5月に大工仕事で使っていた作業場を改良して、「スズキスタジオ１」をオープンさせた。Aスタジオ（15畳）とBスタジオ（６畳）で構成し、ウッドベース（コントラバス）、ピアノ（アップライト）、電子ピアノ、コンガ、ジャンベ、ミキサ、マイクなどの楽器や設備を揃えている。お客様に来てもらいたいのはもちろんだが、何より自分がいつでも音楽をできるのが作った動機のひとつでもある。そして地域のみんなが集える場になっていることも嬉しく思う。

大工仕事は今でも続けている。東京メトロで建具の修理などの仕事が多い。基本的に仕事は何でもやるという姿勢でずっと続けている。他の人ができない仕事をやるのが好きだ。できない仕事を頼まれたら勉強してでもやるし、どうしてもできない場合は、できる人を連れてきて、やっているところ見て、次から自分でやるようにする。だから難しい仕事でも頼りにされることが多い。

長生きの秘訣は楽しいことを続けることだと考えている。これからも音楽に仕事に精一杯楽しく取り組んでいきたい。

Profile

東京の深川生まれ深川育ち。大工仕事をやりながら日本大学の夜学を卒業。2015年に「スズキスタジオ1」をオープン。地域の人たちの憩いの場となっている。現在も音楽に仕事に楽しんでいる。

今を楽しむ！　仕事も趣味も楽しんでこそ

臼井克侑　1939年生

人生は何事も楽しんで取り組んだらいいと考えています。仕事も趣味も楽しみながらやったら良いのです。私は新しいことが大好きで、色んな人に出会うことが自分の力になっていくと考えています。とても勉強にもなります。

私は成田空港で、土木エンジニアとして空港における技術主任をやっていましたが、55歳のときに黒沢建設株式会社（本社・東京都新宿区）からお声がけいただき、開発事業部の部長として顧問契約しています。

黒沢建設は、プレストレスト・コンクリートの専業メーカー・施工業者として1966年に創業し、以来、技術の研鑽に努め、現在は建築の分野において日本を代表するプレキャスト・プレストレスト・コンクリート建築物を数多く施工しています。ＰＣ圧着工法、ＫＴＢアンカー工法、全塗装ＰＣ鋼より線などで特許を持っています。開発部長としての私の役割は、ゼロから仕事を生み出すことです。仕事というのはただお客さまを待っているだけでは成果は出ません。何もないところに仕事を生み出すことが、特にこの業界では重要となるのです。

仕事以外では歌のイベント司会をやっています。テレビやラジオから流れてくる曲に合わせて、小さな声で口ずさんでしまう昭和時代の懐かしいメロディ「懐メロ」。うたごえ司会歴は60年になりますが、10年ほど前から忙しくなってきて、今は月に17～18回はあります。150人から300人が加入している歌のグループがあって、ピアノ、アコーディオン、ギターの伴奏で歌うこともあります。

大きな声で楽しく歌おうが私のモットーです。私は主に司会ですが、自分自身も歌います。歌と歌の合間に簡単な雑談をはさみながら進めるので、常にリラックスした雰囲気となり、毎回参加者のリクエスト曲を中心に歌うので、おなじみの曲が多くなるのが特徴です。60代から70代が多く、50代もおられます。どなたでも参加でき、おひとり様参加が90％以上となっています。

また、丹沢山地の大蔵尾根で山小屋「見晴茶屋」の小屋番人もやっています。丹沢山地は、神奈川県北西部に広がる山地で、その中で最も一般的な大蔵尾根の610メートルのところにある山小屋です。元々あったぼろ屋を私の設計でリフォームしたのです。仲間も遊びとして手伝ってくれました。月に一度ぐらいそこに訪れます。

私はシニアという言葉はあまり好きではありません。自分からシニアだと決めつけ思い込んでいる人もいます。それは一つのマイナス思考ではないでしょうか。定年退職の年齢に近づいている人、あるいはその年齢を超えた人でも、自分はまだまだこれからという意識を持ってもらいたいです。年齢を重ねれば重ねるだけの考え方があるものです。その経験を生かして大いに様々なことにチャレンジしてもらいたいものです。

何でもいいから動けるうちは仕事をやったらいいと思います。掃除でも自転車屋でもいい。自分にできる仕事は何でもチャレンジするべきです。どんなことも自分自身のためになるでしょう。嫌々働くのではなく、仕事も趣味も同じように楽しみながらチャレンジすると人生は愉快で楽しくなるものです。

私はこれからもどんどん仕事を生み出し完成させていくつもりです。歌はまだまだ広げていきたい。今を楽しむ！

Profile

黒沢建設㈱開発部長　昭和14年生まれ。東京都出身。神奈川県川崎市在住。成田空港の土木エンジニアなどを経て現職へ。うたごえ司会歴40年。丹沢大倉尾根見晴茶屋小屋番人。

戦後70年と菓子産業の総括

益山　明　1937年生

２０１７年を迎えました。それは、私を含めた団塊の世代にとって戦後70年を良きにつけ、悪しきにつけ〈総括〉すべき節目の季節を迎えたことを意味します。少なくとも菓子産業を生きてきた人間にとって、この70年が何だったかは、デパート、専門店、スーパー、ＣＶＳ等の小売店の店頭を見て歩けば一目瞭然です。ことに、量産・量販を企業発展の目的としてきた流通菓子企業は、小売店頭に示されている〈現実〉をどう捉えるかです。

利益と効率と経済合理性を力とした画一・均一化と量産・量販による規模化の拡大を、スーパーやＣＶＳと共に徹底的に図ってきた結果、次の世代に継承すべき何を育て、残してきたのか。菓子という事業が〈経済に一義的価値〉を認め、追求するなら、それは菓子の事業ではなくなっていくのではないでしょうか。そうした疑問を抱かせる今日の流通菓子の現状は、私共70歳代前後の団塊の世代が生きてきたひとつの証に他ならないのです。私自身を振り返れば、祖父母や身近な隣人から、また両親からことあるごとに〈耳の痛く〉なるほど教え込まれてきたのは、〈人に迷惑をかけるな。少しでも人のお役に、社会のお役に立つ人間になれ〉ということでした。自らの利害を超え、時代とか社会に対する問題意識を深く持って、それを掘り下げていく真摯な努力を続けてきたのかと問う時、忸怩たるものがあります。また、菓子という産業、事業が単なる〈物量〉の規模を目的とするものでないとすれば、このささやかで、美味しくて、美しいお菓子は、何を目的として存在し、生き続けてきたのかです。それは

菓子の存在そのものが、利益を超えた存在であり、文化そのもの

だからでしょう。そういう存在のお菓子に社会的意味があるとすれば、〈菓子は公の器〉だからでしょう。

菓子産業や企業の持つ社会性は、それは公の概念に支えられてはじめて意味を持ってきます。新しい社会性と、新しい公共性を産業として、企業として21世紀に目指すとするなら、何が求められるのか。70才前後の団塊の世代にある菓業人の役割がもう終わったのではなく、戦後を生き抜いて来たその力を、社会の一隅を〈菓子〉で支える力として生かして欲しいのです。菓子文化は、老幼若年と中高年男女全てを含めた人々の人生に価値をもたらすものであり、だからこそ菓子は愛され、親しまれるのです。団塊の世代の人々にとって菓業人とは何かを自らに

問うと共に、広く問い掛けたいと思います。

グローバル化と情報化は、お菓子のこの本質を歪めるものでも変えるものでもありません。私共が出会っているこの時代と過去から継承されてきた歴史と文化と文明を、新しい形で融合させながら、如何により広く、深く、お菓子の優しさを開発し創造していくかが時代から問い掛けられています。そこに、菓業人がこの時代を生きる使命と役割がある筈です。

Profile

1937年（昭和12年）富山県生まれ、専修大学商経学部卒業。1967年（昭和42年）フード流通経済研究所創業。2005年（平成17年）沖縄大学講師「菓子講座」担当。2009年（平成21年）琉球大学講師「菓子講座」担当。菓子食品企業のコンサルタントと講演、執筆活動を行う。著書は『菓子の言葉』（文芸社）、『情報菓子と沖縄』（沖縄地域ネットワーク社）、『続・菓子の言葉』（文芸社）、『尚王朝の興亡と琉球菓子』（琉球新報社）

健康で楽しいハッピーな人生ができる方程式は何か・ふれあいと好奇心と挑戦

足立富士夫　１９３６年生

大学理工学部を電気工事業のバイトで卒業したが就職難！

教員として就職できたが技術の道を進みたかったので浪人した後に、大手企業になんとか就職し東京へ上京後、ここから苦難と現在のハッピーな人生が現在も続いている。仕事で国内を東奔西走から素晴らしい人々の出会いを大事にして大きな飛躍ができた理由だ。

そのひとつに難関国家試験の技術士の資格を、若き青年時代に一回の挑戦で取得してから、海外出張する機会が増えて、訪問した箇所は、アルゼンチン長期、フイリピン数回、イラン長期と大陸横断、サウジアラビア・2回、台湾、中国・数回、韓国・数回、アフリカ・2回、ベトナム、モンゴル、チリ2回、メキシコ・5回、フランス・数回、西独・数回、ポーランドなど数え切れない。

貴重な旅行記も書けるほどの経験ができたことである。

家族との海外旅行は、ハワイのみで反省と感謝している。

なのに私は、大の英語きらい！
自ら困って、涙、冷や汗、足で集めた48ワード。

これだけ知っていれば恋も仕事も十分という海外旅行技術戦略書籍の英語スペイン語編を出版できたことである。
退職後に、技術士事務所設立して現在も現役で技術コンサルタントの業務を行っており著書も沢山出版しているが、毎月数回は、新幹線４００㎞通勤で国家試験技術士資格取得セミナーの専任講師をさせていただいている。

このエネルギーの源は何か。

何事も好奇心と挑戦だということが結果論である。
さらに、エコに反するが大型車によるドライブ。日本のビック楽団で楽しんだダンスパーティーの影響か、週二回の社交ダンスで頭の体操、週一回の登山、仲間との温泉旅行などで健康維持、その空時間は仕事に熱中するサイクルが人生を豊かにできる原動力ではないかと推察している。

若いこれからの人達へのメッセージとして、好奇心と苦しい何事もチャレンジすることにより、人とのふれあいから生き甲斐を生じ、大きく飛躍できることを伝えたいことである。

乗鞍高原　魔王岳にて　筆者

Profile

大学卒業後に数々の仕事を転々とした後に優良企業に就職し 40 年活躍、プラントの計画設計エンジニアリングで、水力火力発電の自動化、製紙、セメント、化学、ガス器具製造、農産物の選別システムの自動化　アスパラガス画像処理による自動選別システム、海外プラント建設と海外プラントのＦＳ調査、減圧乾燥システムによる食品及び工業製品の乾燥システム技術などに従事した。退職後に技術士事務所設立、国家試験技術士受験対策セミナー（東京）専任講師および新技術による融雪システム事業の特別技術顧問など、多くのコンサルタント業務をしている。

人生はマラソン

金澤明望　１９３６年生

１９３６年12月12日生まれの80歳、青春真っ盛りです。

50歳～60歳、鼻たれ小僧。70歳～80歳、働き盛り。90歳にしてお迎え来たら、１００歳まで待てと追い返せという言葉があります。私はいつからか１２５歳まで待ってくれということにしています。それでも残りの余命は45年しかありません。

それは何故か、今の自分の健康、生き方、行動力、社会との関わり方等々、客観的に見て言っているだけで根拠はありません。「人は考えた通りの人間になる」という格言があります。ただ健康には人一倍気を付け実践しています。

朝、目覚めてからマットの上で寝た状態での体操をいくつか組み合わせ15分位、マットを離れて足踏みを80回（歳の数）から始め、筋トレ、アスレチックス体操を自宅に置いてあるスポーツジム並みの器具を駆使し30分程身体を動かし、その仕上げとして腹式呼吸を取り入れた気功で終わり１日が始まります。

11年前（2005年）、以前から頭の片隅に眠っていたハワイホノルルマラソンにエントリー出来、その年の12月11日に走って来ました。仲間ができ、沿道での応援ありで走り終わった後の達成感、今まで味わったことのないことでした。途中の厳しさ、フルマラソンは初めての経験、その時は今後のことは考えませんでしたが、2年後、第1回東京マラソンが実施されるとの情報を得て早速エントリー、3万人の募集に9万人の応募。抽選の結果は当選。東京都庁前をスタート、ビックサイトのゴールを目指して完走。完走メダルを首に掛けていただいた時は、その間の苦しかったことが一変、喜びで身体が震えたことを未だに思い出します。

因みに2016年は2月18日の第10回東京マラソンに始まり、12月11日の第7回目開催の奈良マラソンまで、1年間で四国の四万十川ウルトラマラソン（60㎞）のほか、フルマラソン（42・195㎞）を4回、ハーフマラソン（21・0975㎞）を4回走破しました。今年の走り始めは2月19日の京都マラソン（フル）で、3月5日の静岡マラソン（フル）にもエントリーを済ませました。

最後に本職である中小企業経営コンサルタントとして実践活動にマラソンで得たことを纏めて見ました。人生は良くマラソンに譬えられますが、それは走ったことのある人が分かることで走って見なくては分かりません。人生には山あり谷あり、楽あり苦あり、喜びあり悲しみあり、それらが凝縮されているのがマラソンであることを発見しました。

フルマラソンを走るには、それまでに40㎞～50㎞を1回か2回走り込み、身体に憶えさせた上でないと無理だと教えられました。そのことが、後に私の本職である中小企業経営者の伴走役であるコンサルタントとしての行動に大変役立っています。

「継続は力なり」「あきらめの心を持たない」マラソンも人生も経営もプラス志向で歩み続けることの大切さを学びました。マラソンの途中でこれ以上走れない、ダメだと思うと足が前に進まないということも経験しました。人間はすべて脳からそれぞれの部位に信号を送っていることを悟り、足、膝、腰等々に異変が起きた時、脳から前向きな信号を送ることにより痛みが解消することも経験しました。マラソンはメンタル70％と言われています。毎年4月に全日本マラソンランキングの結果が年令別に発表されます。5年後の85歳での日本一を目指しています。

四国　四万十川ウルトラマラソン　平成28年10月16日
四万十川清流に架かる沈下橋にて激走中

Profile

1936年12月12日静岡県磐田市に生まれる。地元の百貨店に於いて17年間のサラリーマン生活を経た後、3つの会社を立ち上げ経営に携わる。その後40歳の時、東海経営労務コンサルタント事務所を設立。中小企業の経営支援事業を展開、企業の個性にマッチした経営労務改善、実践指導（人づくり・組織づくり・健康づくり）をモットーに活動している。
政策立案集団「シンクタンク浜松」主宰、経営士・産業カウンセラー・社会保険労務士

「今日」という一日

廣谷恭三　1932年生

22年前の今朝、食事の準備をしていた5時46分に、あの阪神淡路大地震が発生――驚きました。亡くなられた方や被害に合われた方々に合掌です。

社会に出て会社勤めから通算60年。何かの形で、社会とかかわりを持つことが出来て、「今日」という一日を感謝の気持ちで送るように心掛けてます。

戦争末期の学校では、漢文の授業があつて、孔子の「仁」について教えられました。その精神は「己の欲つせざる事を他人に施す事なかれ」でした。生涯心掛ける事にしました。そういえば「仁」という漢字は天皇や皇族のお名前についていて、昭和天皇は裕仁「ヒロヒト」でした。仁即ちヒト（人）であり、孔子の徳を具現化する立場で「名は体を現す」使命をお持ちなのです。今の今上天皇は明仁「アキヒト」です。

さて戦後72年目になって、今日まで平和に過ごせたのは本当にありがたい事です。人口も一億二千万から減少に転じているそうですが、元気な老人が多く街中で見掛けます。平均寿命こそ世界第一位ではありませんが、健康寿命（自立した生活が出来る寿命：ＷＨＯ）では世界第一位「74・９才」なのです。大病もせず７回目の年男も経験しました。何か体力や技能に応じた仕事（社会貢献）を求められていると感じます。

30年ほど前に山中の竹藪を切り開いた土地でいろいろな山菜が生えてくるので季節感のある楽しみを体験できました。雪が消えるころの２月には蕗の薹がまず出てきます。３月はトゲに気をつけてタラの木から芽を集めてこれまたほろ苦い味わいの天ぷらで美味しい。４月から５月は崖にワラビと孟宗のタケノコがはえてくる。雨の後は忙しい位でご近所に差し上げる。ミョウガもとれはじめます。少しは耕して、ニンニクを植えると６月が取れ頃でこれは保存がきくので年中楽しめます。

そして入れ替わりにサツマイモの植え付けです。里芋も植え時です。９月は大根の種まきで年末までに大きくなってくれます。又クリが実のり月末から翌月の初めにかけて拾えます。ミカンやユズも秋から少しずっ実り楽しめます。これらの農作業のためには週に１度位は半日の土いじりをするのですが適度の運動になり身体が軽くなり良い気分転換です。

もうひとつの趣味は絵を描くことです。地域の絵画クラブを続けてます。加太（和歌山）の港を描きましたので添付しました。ご覧ください。昨夏は念願の個展も開催しました。

パソコンでテレワークもしています。技術士協会への広報誌編集のお手伝いです。

技術の内容が多くこれ自体が勉強です。目が疲れたら狭い庭で野菜の世話をしての運動を楽しみます。「今日という一日」を大事に過ごしたいと願ってます。

油絵　「加太の港」（和歌山）　油彩 15 号

Profile

企業では食品分野の仕事に携わっていました。技術士（農業部門・農芸化学）資格を
生かして調査、技術指導のコンサルティングをやり、協会業務のお手伝いなどもしており、広報誌の編集委員を務めてます。
趣味の油絵は。地域の絵画クラブを月２回指導してます。昨夏は個展を開きました。
又、家庭菜園もやり、夏はキュウリ、トマト、ピーマンなど運動を兼ねて楽しんでます。

地方創生に向け若者育成とアジアが求める日本式教育によるグローバル化

瀬戸川正彦　１９３９年生

・地方創生への強い思い

地方創生には、教育の担う役割が非常に大きいと考えている。地元に生まれ、地元で育ち、地元で働き生活を送ることのできる素晴らしさを実感することができる。私たちはこうした人材を一人でも多く育成していくことが使命であると考えている。

そのために必要なこととして、行政の役割が極めて大きく、とりわけ知事には旗振り役として、積極的に動いてほしいと思っている。行政の強力な指導のもと、進学先にはまず地元の専門学校や大学を勧めること。そして、卒業後の就職先については行政と企業の連携で地元に確実に就職できるようにしていくこと。同時に、これらを保護者にＰＲしていくこと。これが地方創生に向けた早道となる。

地元企業と教育機関が連携し、地元への就職を実現する方策を確立し、地元企業に就職できれば、生活のあらゆる面でゆとりが生まれる。近くに親がいれば子供を育てやすく、人口減少の防止にも一役買うことができるはずだ。

・日本の若者への教育について

若者が地元で就職できなければ地方創生はありえない。行政がかじ取りし、地方の学校に進学を勧めることも必要だ。当学園は中四国唯一の工業系専門学校として12学科を有し、幅広い分野の資格取得技術者を輩出してきた。測量士補や電気工事士などの国家資格が、卒業と同時に無試験で取得できることも強みである。地元企業とのパイプも太く、「企業後援会」を通じて深い信頼関係を築いている。就職率の高さを評価し、普通科高校から進学してくる学生も多くいる。一人ひとりの適正を生かし、生徒の能力を最大限に引き出すことで、この学校を卒業してよかったと言われるような学校であることを誇りに、「技術教育を通じた人間教育」で岡山に貢献したいと考えている。

・留学生を積極的に受け入れる

2年間日本語教育を行い、その後で専門課程に進学することを前提に留学生を受け入れている。日本で学び働くには、日本語をマスターすることが欠かせない。そうすることで、専門課程を卒業した後、学んだ分野の関連企業に日本でも自国でも就職できる。

２０１４年４月には、ミャンマーにある職業訓練学校と共同で、自動車整備技術者育成コースを現地に開講した。１年間現地で受講し、日本で日本語を学んだ後、１年及び２年学ぶことにより、卒業後に日本で働くことができる。彼らが自国と日本で活躍できることを期待している。また中国では、浙江省平湖市の職業高校２校と協定を結び、留学生の受け入れを始める。

自動車整備技術者にとどまらず、機械・バイオ・建築土木・電気といった技術教育についても東南アジア諸国連合（ＡＳＥＡＮ）の国々と協力して進め、特に日本から現地に進出している企業の求める技術者を供給し、アジア全体が拓けていけばと願っている。

Profile

1939 年３月７日生まれ　1957 年岡山県立烏城高校卒業　1988 年京都科学技術学園就職　1994 年岡山科学技術学園就職　2004 年岡山科学技術学園常務理事就任　2008 年岡山科学技術学園理事長就任

家庭菜園40年

吉川　駿　1939年生

77歳、まさかこんなに生きるとは思いにも及ばなかった。今も元気である。おそらく私の周辺に「農」そして緑や土があったからだろうと思う。土や緑は、なんとなく心を穏やかにしてくれる。

武蔵境から狭山市に移り住んで40年経つ。40年余前の武蔵境は、三鷹までと比べると緑が多く、居をそこに構えたのは、アパートであったとはいえ、緑と土の空間があったからである。勤めを終えて駅に着くと都会と違った安らぎを覚え、疲れた心身を癒してくれた。その武蔵境から狭山に移ったとき、近くの森からはホトトギスの声が聞かれ、感動し転居のあいさつに、その感動を記したものである。かつて国木田独歩が「武蔵野の面影は入間郡にわずかに残れり」「武蔵野は林である。木はおもに楢の類いで冬はことごとく落葉し、春は滴るばかりの新緑萌え出ずるその変化が秩父嶺以東十数里の野いっせいに行なわれて、春夏秋冬を通じ霞に雨に月に風に霧に時雨に雪に、緑陰に紅葉に、さまざまの光景を呈する」という描写がそのまま当てはめられる場である。まさに「農」の場である。

私は、ここに来て間もなく、家庭菜園を始めた。農家の一部を借り受けたり、市の家庭菜園区画を借りたり、その場所は5回も変えているが、今は楢や椽が茂る疎林地帯のすぐ脇に20坪ほどの畑を農家から借りて耕している。都内の会社まで2時間近くかかるから勤めていた時は、土曜日曜しか時間が取れず、水管理や病虫害対策、除草作業が難しく、きちんとした作物ができなかった。それでもなお続けてきたのは、もとはといえば農家の出身で、土をいじり作物を育てる農作業が体に染みついているからであろうし、土いじりのない生活では寂しさを感じたからであろう。

作目は結構多品種に上る。苺、馬鈴薯、胡瓜、茄子、トマト、南瓜、冬瓜、西瓜、隠元、玉葱、豌豆、玉蜀黍、唐辛子、葱、白菜、キャベツ、大根、人参、ブロッコリー、ヤーコンという具合である。直接的には、「食す」のが目的だが、それぞれの特性を学び、種をまき、苗を植え、栽培管理をし、収穫する過程には、失敗もあったが感動があった。その失敗や感動を記すのは、長く携わった「新聞屋」の物書きに大いに役立った。

机上の知識だけの記事は臨場感がないが経験して書く記事には生命感が生まれる。西瓜や玉蜀黍がカラスにやられた話、トマトやナスの初物を手にした時の喜び、馬鈴薯の生け花も乙な味がある話、自転車で運ぶペットボトルの水の焼け石に水物語、暑さに耐えきれず林に逃げ込んだ話、夕焼けに染まる西の空の美しさ等などいろいろ小文章に認めた。家庭菜園は、食と知の宝庫である。この宝庫が私の命を長らえてくれているのだろう。

Profile

1939年、長野県伊那谷の生まれ
1964年　静岡大学文理学部経済学科卒業。電気工事会社に短期間勤めたのち塾経営、1975年農業専門紙＝日本農民新聞社に就職、雑誌編集・新聞記者・営業・イベント企画と広範囲な事業に従事後、専務・社長・会長を務め2013年退社。

後継者を育て、良い牛を育て残していきたい

渡邊紀義　１９４０年生

農業から見る地域の変化

福島県田村市は複数の町村が合併し現在の形になっています。田村の中でも生まれ育った町、常葉町は昔から農業が盛んな地域であり、養蚕やタバコ、そして馬の畜産が栄えた地域です。馬の畜産においては東北でも名のある地域であり、岩手県南部馬と肩を並べるほど立派な馬が沢山いました。競馬協会も置かれており、明治天皇が乗られたこともある白い馬は常葉町で育った馬だったとのことです。

陶芸品として隣町三春町の三春駒は今でも残っていますが、徐々に馬の畜産は衰退をみせ、現在では常葉町では馬の姿がほぼ見られなくなっています。馬の畜産が衰退し始めた頃、牛の畜産を代わりに行う農家が増え始め、わが家でも牛の畜産を始めました。その頃はまだ数頭ではあったものの馬の畜産で培った経験を活かすことで、その後常葉町は牛の畜産地域として栄えるようになったのです。

現在は農家の中でも畜産農家の数が減り始めています。今後、農家の数、そして子供の数も減っていくことが予想されますが、農業をするにはとても良い地域であるため、農業で再び地域活性化ができるようになれば嬉しいです。若い世代への期待は大きいです。

牛に対する思い

20歳から畜産を中心に仕事をやっており、生き物を扱うため365日休みのない日々を長年送ってきていますが、一度も畜産農業を辞めようと思ったことはありません。

和牛の繁殖業とは母牛から子牛を産ませて、その子牛をセリ市に出し利益を生む仕事です。牛の子が生まれてくるのは10ヶ月後で、その子がセリ市で評価されるのは更に10ヶ月後となります。生き物であるため、先天的な事で避けられないことや、病気になることもあります。また出産時は真冬の夜中に付きっきりで立ち会わなければならないこともあります。

辛いこともある仕事ですが、牛を育て始めたころから、一生牛に託していくという思いが強く、77歳を迎えた今も尚、体が続くかぎり牛を育てていきたいと考えています。自分の育てた牛がグランドチャンピオンになり、県知事賞を受賞するなど表彰されたときはやりがい、そして嬉しさを感じます。

これからの世代の農業について

現在は妻、息子の3人で親牛20頭、子牛40頭を育てています。地域でもこの規模で畜産を行っている農家はなく、誇らしさを感じていますが、やはり地域として農家の後継者が減少していることが大きな問題ではあります。地域がより発展するためにも今いる若い世代をまずは後継者として育て上げ、若い世代がより若い世代へと繋げられるよう、後継者の育成に力を入れたいと考えています。

ただ今までの方法を押し付けるだけでなく、現代の仕組みも取り入れながら若い世代と新たな農業のあり方を見つけることが大切であると感じています。今後も農業には携わっていきますが、後継者がよりよい生産者になれるように温かく見守り、後継者のために良い牛を育て残していくことが私に残された責務であると考えています。

Profile

福島県田村市に4人兄弟の長男として生まれる。学校卒業後に農業を始め、養蚕とタバコの葉を栽培。20歳頃からは和牛の畜産に力を入れ、町や県から様々な賞を受賞する。現在は畜産の他に稲作や各種野菜の栽培等幅広く農業に携わっている。

人生ある限り為す

佐々木修　１９３７年生

２０１７年１月17日の朝、80歳を迎えて今日は何をしようか、と悩まされない事にありがたいと思っています。

64歳で現役を引退（サラリーマン）し、これから今までの経験（金融関係）を生かすのか、それとも新たな分野を選ぶのか、考えて選んだのが農業でした。

折りしも町内の老人会で、運営費を捻出するためにソバの栽培をはじめることになったのをきっかけに、事業を拡大し、現在キノコ栽培、イチジク栽培を行っています。

キノコは一般的には秋から春にかけてが収穫の時期ですが、種類によっては夏にも収穫できるものもあります。また、収穫量の少ない時期にはイチジクの収穫があり３６５日、収穫が楽しめます。収穫は自然に左右されるため、出来、不出来がありますが、それがワクワク感、ドキドキ感となりこれが飽きることのない毎日になっているものと思っています。

キノコ栽培、果樹栽培について地元の人々の助言を得て年々知己が増えて行くことに、喜びを感じています。そして、現役の頃では、全く知らなかった事に、60歳半ばから次々と遭遇し、驚きと発見の連続です。

以下いくつかの項目を挙げました。恐らく農業関係の方には、常識の事柄かと思います。

①生き物は3種類に分類される

漠然と動物、植物と思い込んでいたが、菌類が加わって3種類。現在では小学生レベルの知識で、自分の不明を恥ずかしく思った。そして、菌類が植物遺体の分解において、中心的な役割を果たしていること。

②「シメジ」と云われるキノコはいない?

シメジと称されるキノコは40種類以上あります。テレビの料理番組等で、材料として使われるシメジは殆どが「ブナシメジ」か「ハタケシメジ」で、単にシメジだとその料理に適さないものがあります。

③マツタケは、なぜ栽培できないのか。

マツタケ菌は菌根菌といわれ、土の中で松の根の中で成長するため、生きている松がないと育ちません。キノコの原木栽培は、伐採した木(死んだ木)に植菌します。シイタケ、ナメコ、キクラゲ等でこれらの菌は腐生菌といわれ、植物や動物の遺体を分解し栄養とする菌類です。

マツタケの栽培は多くの企業で研究されていますが、土の成分、微生物の働きなど複雑で、現在のところ実現していません。

60歳で定年退職してから20年。当時は現在の姿は全く想像していませんでしたが、田舎の郷里に帰り、現在の生き方を選択したことは。良かったと確信しています。

高齢者の特権は周りの人たちの知恵を借り、支援を受けて新しいことに挑戦できることだと悟り、これからも健康で老い続けたいと思います。

キノコに関しては、栽培指導を一般財団法人日本きのこセンター、原木提供(桜、こなら)を地元の角　清延氏から毎年頂き、特に感謝しています。

Profile

1937年、島根県安来市生まれ。島根大学法学科卒業後、1957年、商工中金　入社。
日本国内8ヶ所勤務し、1997年、同社退職。
現在は、町内会老人会の運営企画に従事すると共に、キノコ、イチジク、にんにくの栽培を行っている。

まだまだ七十台

大河原正敏　1940年生

「おい、264号！」これが自分の番号だ。刑務官の若者が呼ぶ声。やな野郎だと思うが自分は名前はなく番号のみで何事も言われる。ここは刑務所。詐欺師、コロシ、カッパライ、あらゆる法に盾ついた者の集まりだ。すごい所だが、自分が運転免許なしで15年も車を運転し、5回も逮捕され懲りずといった所だ。恥を知り反省した。

会社は発展したがバブル期末に掛り、資金繰りが追いつかない。妻と共に金になる所ならどこでも出掛け、手形を落とすのが必死だった。免許証の事など後回しだ。正直、何とかなると考えてもいた。甘い男だった。他人の言葉を聴く耳は無し、一時は何時もポケットに数百万の金を入れ、釣り船や、大型高級車を現金で購入。悪癖となっていた。そして倒産。結果、自宅や持ちビル、車、事務所も全て押さえられ競売に。その中で裁判にて刑務所行きとなったのだが、まだ小工事をしている途中で、請負工事中に、8mほどの屋根から転落し、全身いたる所を骨折したが、命は助かった。医師からは「丈夫な体だったね」とほめられ治るまで刑の執行を延ばすよう伝えてくれて次の春に入所。8ヶ月間過ごした。足を引きずる受刑者は自分独りなので、椅子に坐ってやる作業は、グループの中で常に3番以内の実績を上げると、自分を見る目が変わって来たのがわかったが、絶対に弱音や愚痴は言うまい。これが自分に科した信念だった。出所後はすぐに所々にやり残した工事現場を廻り、施主に事実をかくさずに伝え、引き続きやらせてください、と謝罪。すると小工事を再びいただけるようになった。

そして、地方の合宿教習所に行き14日間で卒業。その学校の最高齢の卒業生として、免許証を取得。内心「やったな」と思った。生徒のほとんどは、十代の若者達で、変なジジイとも思われていたと思う。手続きをした時から、全て一回で合格してやる！　深く胸中に置き、若者たちとも仲良くしてもらった。嬉しい若者も多いことがわかり、日本はまだまだ大丈夫！とも感じれた時間でもあった。3年前より晴れて堂々とトラックを運転し、大型の土木工事の計画と施行を請けるように。苦しいが楽しい。職人と共に造園を含む工事を8ヶ月掛けて完成させた。

その頃から、食事の度に胃の上部で食べたものが落ちていかない、家で吐く――。近所の病院へ行くと「紹介状を書くから、すぐに大きい病院へ行きなさい」と。行った先の病院の医師からは「すぐに手術します」と言われた。やはりかと覚悟はして県立の癌センターに行くと、内科の医師は「末期ですね」の一言。食道には40ミリ。胃には78ミリの腫瘍があったのだ。自分では思うところがあったので、外科での再検査をお願いしたところ「あたり」だった！　実にこの医師は要望をよく聴いてくれて、手順も考えてくださり、経過をみてみましょう、と言ってくれたのだ。そして何ともたのもしく嬉しい事が起きたのだ。手の施しようがない、余命３ヶ月とも内科での診断だったが、手術が可能になったのだ。

そして手術。本来、胃の一部を残して食道を繋げる予定が、開いてみると胃は全滅、食道も上部を切って十二指腸と直結しかできなかった。少なくとも一年以上は食事もままならず、仕事は無理ですねと言われた。よし！　それなら、と退院後１ヶ月で仕事に復帰。現在は体重も10キロ回復、力仕事も図面作業も毎日挑戦。今日も一日無駄にしない。明日の予定は何々と心体共に無駄にしたくないのだ。絶対に不可能、出来ないと考えない。一番良い道を毎日見つける77歳でいたい。

Profile

横浜市保土ヶ谷区生まれ。中学卒業後、区内の工場で働き、定時制高校卒業後、工芸社に転職。デザイナーに造形の基礎を学ぶ。23歳で独立。後にドブ清掃、塗装、大工工事、等の何でも屋として友人と工務店を創る。大型工事も高綾木造住宅も設計を含めて請け負う。倒産、バブル期終末、最後まで残しておいた飲食店を妻と二人で開業。妻が癌になり、自分も転落事故後に癌を患い、２年半前に手術をし成功。現在は、施工の仕事を請け負う。

地域経済・企業振興の草の根ボランテアと趣味に生きる第二の人生

佐藤元彦　1939年生

64歳退職時には、県庁勤務時代からの延長で地域経済・企業の進行や国際化の促進に役立つことをやろうと考え、数々の事業を実施しつつ現在に至っている。これには、多大の時間と労力と無給のうえ、手弁当の資金が必要になる。また、多彩な人脈の提供も欠かせない。でも意義のある仕事なので現在も活動中。そのポイントは次のようになる。

①シニア起業の促進

日本ベンチャー学会に1999年シニアベンチャー研究部会を立ち上げ代表世話人になり、部会の運営にあたった。少子高齢化・人口減少・2007年問題が予見されたので、定年制70歳移行や多彩な経験と能力を活かしたシニアベンチャー起業促進ための研究調査や政策提言等を行った。また、東京の如水会館で10年間に亘り、毎年シニアベンチャー起業者より、起業・運営のノウハウを講演する事業を実施した。

②企業への情報提供とイノベーションの促進

東北ニュービジネス協議会では10年前会長大山健太郎氏が各県に支部を作ることとなり、依頼により、私が山形県支部を立上げ74社でスタート、専務理事、副支部長として実質的な支部運営にあたつている。中核事業となる「やまがたニュービジネス経営塾」を立ち上げ、この10年間で35回開催し、講師70名、延べ約2000人の企業経営が受講。なかでもイノベーションアワードを2回実施し、世界を目指す企業の表彰し、その内容を発表、また、ニュービジネス協議会全国初の新規株式上場シンポジュームを東京証券所と共催するなど、現在にいたっている。

③地域経済・企業の国際化の促進

山形を中心に海外と関連の深い上場企業や一般企業、弁護士、公認会計士、大学教授、行政出身者を会員に、6年前東北和僑会を立ち上げ、私が理事長となり、28回にわたるセミナーの開催と香港ミッションの派遣、海外市場開拓、企業の海外進出の試行等も行っている。

趣味は天文と家庭菜園

60年前、(高校2年当時)人工衛星観測班を、56年前山形天文同好会を立ち上げ、現在も活躍中。

2012年、小惑星に私の名前がついたと国際天文学連盟からの連絡があった。正式名称は32969 Motohikosato（1996PP9）でイトカワ等と同じである。また、ハワイのすばる望遠鏡などの天文台巡りや海外各地での皆既日食ハンターを続けている。一方、おいしい野菜は自分で作るという持論から家庭菜園を続けているが、昨年、山形市中心市街地のど真ん中に屋敷内菜園を作った。名付けて未来園(味来園)。此処でうまい野菜と健康増進を目指し、生涯、家庭菜園を続けることとなる。

生涯現役、言葉はよいが、老害にならぬよう自戒すべきだ。過去の経験を良く活かし、常に現在に生き、更に未来を洞察し、常に学び続け、健康に恵まれ、豊かな人間関係のなかで死の直前まで活動し、生涯を終えることだと考える。

新規株式上場シンポジュームでモデレーターをする筆者

Profile

1939年山形市生まれ。1962年山形県庁入庁。企画開発部、商工労働観光部等で活躍、部長職で県庁退職。1998年山形県企業振興公社及び山形県商工会連合会で各専務理事、2003年退職。1999年日本ベンチャー学会シニアベンチャー研究部会代表世話人、日本香港協会理事を経て現在、東北ニュービジネス協議会山形県副支部長及び東北和僑会理事長。県庁退職後も地域企業・産業への振興・支援・国際化に貢献。

人生、山あり谷あり、まだまだこれから

近藤せつ子　1928年生

私は名古屋女子商業学校を2008年3月に卒業、最後の年は、学徒動員で三菱名古屋航空機製作所で部品の検査をしていました。卒業式の前に、空襲で学校は全焼、式も証書もありません。また、軍事工場であったため、集中攻撃で逃げまどい、最後に工場は大空襲のために鉄骨を残すだけでした。08年の4月に日本赤十字の看護婦を志願して合格。太平洋戦争の悲惨な状況を看護婦として目の当たりにし、8月15日の玉音放送は看護婦寮で聞き、「ああ、これで空襲がなくなるんだ！」と素直に喜び、終戦を受け入れた思い出があります。

昭和22年に結婚後、48年1月に長男、51年6月に次男が誕生しましたが、長男の時はミルクの配給も思うようにもらえず、苦労ばかりでした。主人の実家が練り製品（蒲鉾など）の製造業をしていたため、時々物々交換でコメや麦を手に入れたり、魚をいただいたりしましたが、収入は少なく洋服の仕立ての内職をして生計を立てました。次男が大学受験のころもまだまだ貧しく、本人は京都の大学志望のところ、仕送りが困難で名古屋の大学に入ってもらいました

が、フランス語に興味を示し始め、大学院の時にフランスへ留学（交換学生）し、苦労は絶えませんでした。そうこうするころ主人は、がんを患い他界。一人でどうやって生活していこうかと思案していたころ、銘版彫刻業を営む方が近くに引っ越してきて、「この仕事はなかなか良い職業だ」と直感で思い、仕事を教えていただく機会にも恵まれ、長男夫婦も最終的には一緒にこの仕事に従事する事となり、少しずつ注文が増えてトヨタ系列の会社からの仕事もとれるようになり、近藤彫刻所を設立し、長男夫婦を従業員として、経理事務・会計事務を取り仕切ることを決心しました。かれこれ40年に亘り、経理事務と会計事務を行い、何度かこの仕事を他の人に任せられる体制にしようと試みてみたものの、小規模な事業であり、社員を雇うこともままならないため、現在もこの仕事に従事しています。今の時代、青色申告用パソコンソフトがたくさん出回っていますが、長年手書きと手計算で試算表の作成まで行っており、パソコンへ移行するタイミングを逃してしまったようです。しかし、税理士の先生に見ていただいても1円の狂いもなく、何とか続けてこられ、熟練の域に達したのかなと思う今日この頃です。

仕事以外の楽しみは、思いがけないきっかけで、長唄の先生に弟子入りし、三味線を覚え、師範の免許も取り、長唄、民謡、三味線などで様々な先生と切っても切れない関係を築くことができました。そして、孫やひ孫の成長も楽しみで、年に何回か、孫とひ孫が住む東京へ名古屋から新幹線で行き、皆と会って食事をし、東京の名所へ遊びに連れてってもらうことが一番の楽しみです。

元気で89歳まで仕事と趣味の両方やってこられた秘訣は、何事にも一生懸命取り組んできて、負けず嫌いという性格があったのかもわかりません。また、戦中、戦後とお腹を空かせた状態でしたので、これまで長生き出来ているのは、「お与え」を食べ終わっていないのかもしれません。まだまだお若い60代、70代の皆様には、常にチャレンジする気持ちを持っていただき、何かに集中して取り組むことをお勧めします。世の中、１００歳以上生きる人の比率がどんどん高まり、今後は早め早めの人生設計が必要だと言われる時代になるようです。私のような年になっても、経理事務・会計事務という仕事、そして三味線や民謡の趣味、この両方で人から頼られるのは大変うれしく、長生きの秘訣でもあると思っています。

次男と一緒に。現在、株式会社ブレインワークスでお世話になっています

Profile

女学校を昭和20年3月に卒業後、看護婦として太平洋戦争さなかの傷病兵を手当。

結婚後子供が生まれてすぐは、戦後間もないためミルクの配給もままならない時期を経験。様々な仕事に従事して生計を手助けし、昭和52年から個人事業者として、長男夫婦の彫刻業（銘版彫刻など）を手伝い経理事務を一手に引き受け、現在も現役として、経理事務・会計事務を取り仕切っている。息抜きは、民謡教室で、三味線を弾いて唄うこと。

日本経済の振興に資する異業種交流を

寺家照二　１９３６年生

私が80歳になった今でも力を入れているのが、異業種交流である。21世紀が到来し、急激な技術革新、情報化・国際化の進展、消費者ニーズの多様化など企業を取り巻く社会経済環境は大きく変化している。

こうした状況の中で、企業が成長・発展を遂げていくには、異分野の企業の持つ技術力、マーケティング力、経営ノウハウ、情報等の企業資源を相互に活用しあうことにより、企業体質の強化や新事業の開拓を行う異業種交流・融合化が大きな力となる。近年、この異業種交流・融合化は企業の重要な経営戦略として定着し、交流・提携範囲は益々広がりを見せている。

こうした異業種交流活動の広がりに対応して、京都府は近畿2府5県の異業種交流推進組織相互の交流促進と連携強化により、各府県異業種交流グループの交流の広域化と活動の活性化を図ることを目的とする「近畿異業種交流推進連絡協議会」が２００８年12月に設立している。

そして、これらの流れの中で異業種交流を一層活性化し、異業種交流グループ内での交流を深めていくと同時に、グループ間の交流を一層活発に行っていくことが必要であるとの認識に立ち、２０１２年10月に開催された「企業ネットワークフォーラムIN KYOTO」において、府内における異業種交流グループ間の交流を盛んにし、ネットワークを強化するため、国内で活動するあらゆるすべての異業種交流グループを視野に入れた異業種交流連絡調整組織の結成を期し、交流と広域交流、そして連携交流へと進展した。

情報交換を活発に行い、交流会を開催することで、相互の連携を強化することにより、各グループの活動の円滑化及び活性化に寄与し、もって日本経済の振興に資することを目的とする「京都府異業種交流連絡会議」を設立した。

行っている活動は、交流会事業としては、▽講演と交流のつどい▽異業種京都まつり▽げんき交流KYOTO▽国際交流事業など。情報の共有化事業として▽異業種京都会ホームページの発信▽異業種ＮＥＴ京都の発行（ＦＡＸ同報通信）など。また、各都道府県との交流、連携、国際交流など広域交流事業も行っている。

その他、異業種交流による中小企業・伝統産業の生き残り作戦として、▽核・コアー技術の革新・再生と創造▽鎖国から開国へ▽核コアーを堅持して開国へ▽伝統の技を先端技術へ転換▽先端技術への挑戦▽技術力・技術士の出番、などを掲げて活動している。

私個人の活動としては、１９６０年に株式会社キョーテックに入社し、貿易部や建材事業部の設立を手がける。１９６８年に株式会社キョーライトを設立し、１９９３年にキョーテックとキョーライトの副社長に就任した。１９９８年に退任すると同社顧問と有限会社リンクの会長に就任。新規事業開発と新市場開拓に専念している。染色、印刷、建材、壁装材、電子部材分野を開拓、

タッチパネルと液晶技術、太陽光発電、自動車工機工作機、鍍金設備の開発とコンバーテイング技術のコンサルタントを行っている。

今尚、新規事業に意欲有り。

Profile

㈲リンク代表取締役会長　京都府異業種協議会副会長
社団法人全国異業種連携協議会　副理事長　京都府ＪＡ長岡京市農業協同組合総代
昭和43年㈱キョーテック入社。貿易部や建材事業部、㈱キョーライトの設立に携わる。平成10年に退任後、現職。

身体の続く限り、特に若手育成に注力

下島一郎　１９３４年生

弊社は１９２６年（大正15）11月、先代社長・下島四郎が、我が国肥料界の重要性を洞察し、20数年の新聞記者生活から足を洗い、先輩・知友の後援を得て、一躍活版印刷を以て化学肥料業界専門紙『日刊肥料農産日報』の発刊を目的に、東京・芝区田村町５丁目（現港区新橋５丁目）の地に会社を設立しました。第二次世界大戦を挟んで一時期中断したものの、１９４７年（昭和22）11月1日付けで準備号『肥料かいほう』を、１９４８（昭和23）11月10日付けで『肥料農産新報』として復刊、以後一貫して肥料商擁護新聞として肥料商発展のための報道を社長として発行を続けており、創立90周年、復刊68年を迎えております。

翻って先代は、第二次世界大戦後の肥料統制期にあっても、新聞社として活躍するかたわら、業界有志と共に、その解除運動、商人系諸団体（全国肥料業組合協会［後の全国肥料科商工業組合連合会＝全肥連、現在の全国肥料商連合会＝全肥商連］、中央肥料懇話会［後に全肥商連と併合、元売協議会となって存続］、肥料輸出入協議会［昨年3月に、役割を果たし解散］、東

京配合肥料製造協同組合（後に、会員を全国的規模に拡大、現在、全国複合肥料工業会として活動中）の結成・設立に奔走、発足後、専務理事・常任理事あるいは事務局長として、各団体の運営のお手伝いをしました。

また、1935年（昭和10）11月に、「東京肥料製造業者・流通業者間連絡に必要と、東京肥料製造業者・流通業者一覧名簿の刊行を企画、業界多数の協賛を得て、『東京肥料界職員録』（定価1円）という肥料業界名簿を発行しました。以後、戦時中の中断を除いて、年次刊行し、現在も『干支を付した黄色表紙の全国肥料界名簿』、業界の必携書として活用されています。

また、先代・下島は1930年（昭和5）に、深川肥料問屋の店主さんの需要もあって、その若手店員の教育・親睦機関として『東京肥料生年研究会』を発足させましたが、会員数は当時の深川肥料界の隆盛を物語り、実に1150余名の多数でした。その後、勃発した第二次世界大戦の激化に伴う肥料統制期で10年中断。しかし肥料自由販売再開後、商系メーカー、商社及び在京肥村商より再建要望が高まり、1951年（昭和26）5月12日、その名も『東京肥料研究会』と改称し、会員29社60名で再発足、現在、私が引き継ぎ活動しています。

さて、私のことですが、1956年（昭和31）3月に学校を卒業した後、父親に引っ張られて、役所や各社を訪問したり、社内雑務を行っているうちに、あっと言う間に29年が経ちました。1985年（昭和60）12月に父が脳梗塞で急逝し、個人事業のつらさで翌日から肥料農産新報の業務、東京肥料研究会の運営に追いまくられましたが、親の七光りをバックに、29年間も業界に顔を出していたこと、加えて健康であることが幸いし、現在も恙なく業務をこなしています。今後も、身体の続く限り、特に若手育成に注力、このことを通じ業界、更に農業の発展の一助になれば本望と思って頑張りたいです。

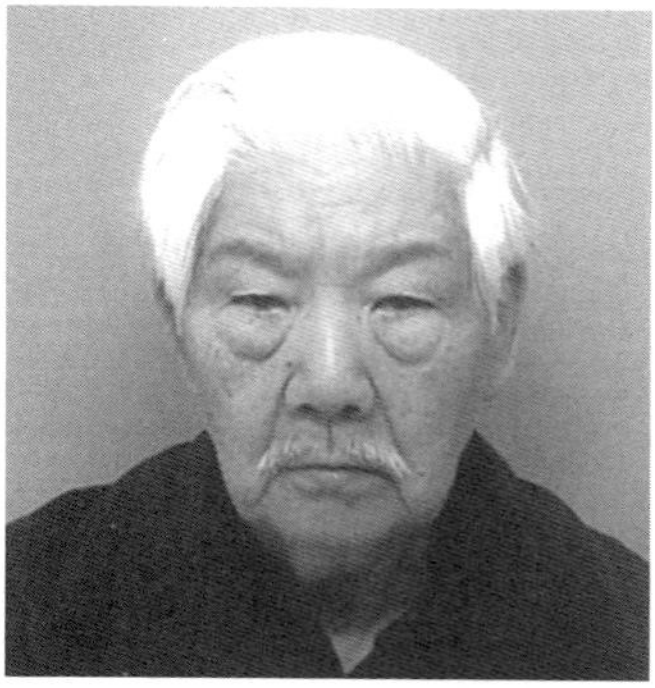

Profile

1934年1月、東京都新橋生まれ。

1956年3月、明治学院大学経済学部卒業。

同年4月、肥料農産新報入社。

1949年12月、父の急逝により、肥料農産新報社社長、東京肥料研究会幹事長に就任。

高齢社会　私の人生目標

東瀧 邦次　1935年生

「日本は21世紀に高齢者率が確実に高まる高齢社会」だという確定予測を私は、情勢判断学会という団体で学ぶ幸運に恵まれました。44年も前、1973（昭和48）年版「日本シルバー・ユニオン／第一次会員募集100万人」計画という、興味深い案で民官財学を刺激する構想があるのも知ったのです。

しかし、その計画自体は実行直前に、中心人物の急逝で残念ながら消滅しました。でも、学生時代に接したキリスト教書籍『後世への最大遺物』（内村鑑三著）からの「人はどのような人生を生きるべきか」という処世訓と併せ、人生後半、わが取組む「生涯現役の人生目標」を確立できたと存じます。

サラリーマンの人生前半、当時55歳定年制でした。一方、戦後の豊かな食糧事情や医療進歩のお蔭で日本人の高齢化は伸び、サラリーマンの人生後半、定年後は15年・20年をどう元気に、有意義に暮らすの思案は、最大課題の筈です。処が、誰にとっても重要な問題なのに、社会一般に生涯自律主義の基本姿勢が不充分に見えるのは、人頼りで一流志向偏向の教育風土の故でしょうか。人生マラソンの折返点40歳前から、私はその課題解決に、不満足な社内研修だけに頼らず、社外勉強会や幾つもの研鑽ツールを模索・探求して、悪戦苦闘の末、幼稚ながらも独自路線で『ライフ・ベンチャーのすすめ～チャンスをつかみとる〝人生三段跳び〟の戦略～』を32年前に自費出版しました。その出版を機縁に1985年5月ライフ・ベンチャー・クラブ創設、〝意義ある生涯現役で 輝ける未来創りを！〟の旗印で生涯現役実践道場発足、それが本年一月の月例第373回目も永続開催は感謝です。

爾来32年間、幸いわが健康も支えられて休むことなく、参加者一人ひとりから『生涯現役』への取組み姿勢を存分に学んでいます。毎回痛感することは、年齢に長短あっても、人生荒波に挑む人々が、少しでも世に役立つ生き様を貫き、〝終わり好ければ全て好し〟の生涯現役人生モデルを産む実践道場でありたいのです。天の時、地の利、人の和、いずれも小規模ながら備えられてきた天命を感じます。

創業当初から20年間の、クラブ会員各人のライフワーク、各々の生涯現役目標は個人的「点」に力点を置くだけでは、不十分と悟りました。2004年6月に「点」の一段階から二段階目の「線」へ、生涯現役賛同団体ネットワーク連携の「日本生涯現役推進協議会」を創設し、翌2005年に旧ライフ・ベンチャー・クラブ解散。新設でNPO法人同名のクラブを設立しました。次なる活動目標は、愈々三段階「面」創設への２０１７（平成29）年版『生涯現役社会プラットフォーム〝高齢社会　皆様の人生目標〟』を全国各地域に創り、本書掲載の77名各有志の皆様とぜひ協働したいのです。現在、国が掲げる「一億総活躍社会」は、上から目線で国民が躍れる状況ではありません。「点」や「線」の現状未完段階から、明確な完成「面」段階の『生涯現役社会』実現のために、私たち生涯現役仲間は、全世界に高齢社会活力化の日本モデルを示す覚悟をしています。その国民全世代への夢と希望づくりの『生涯現役プロデューサー』推進役の出番を着々準備しているのです。生涯現役実践道場の総決算として、30余年間、そのビジネスモデル役がぜひとも必要・不可欠であるとの使命感で皆様にご提案したいのは、〝あのような生涯現役先達のように楽しめる人生をフルに活躍したい〟後姿なのです。

Profile

（日本生涯現役推進協議会／NPO法人ライフ・ベンチャー・クラブ／ライフ・ベンチャー㈱の各代表）1984年、25年間のサラリーマン稼業廃業、一年後、生涯現役実践家の任意団体ライフ・ベンチャー・クラブ（LVC）創設。1985年生涯現役実践道場・月例生涯現役塾を発足。1988年・1993年「生涯現役」商標権取得。使用許諾依頼先の行政団体に無償協力。2004年 日本生涯現役推進協議会創設。2005年LVCのNPO化。2017年『生涯現役Ⓡプロデューサー』登録制始動。

昨日から今日があって、今日が明日になる。

室井摩耶子　1921年生

私は、プロのピアニストです。ただ、指を動かすことができではなく、天才で偉大な作曲家達がどういった事を考えていたのか、音楽哲学の中で何を伝えたくて書かれたのか、彼らは本当に天才ですから、天才の言葉を皆様に聞いていただくこと、それだけです。

彼らが使った音楽語を解読していきながら、その中から彼らの精神、考えていたこと、人間の喜び、微細にニュアンスが隠されているので、それを探し出して伝えることが仕事なのです。

私が思う音楽とは、音で書いた詩であり、小説であり、戯曲なのです。言葉にするのは、簡単かもしれないけれど、音楽の面白さ、楽しさは、譜面通りでないというところも含まれるのです。

音には「次に行くぞ」という意思があり、同じ格好の音でも、「行くよ」って音を出しています。すると次の音色が語りかけてくるのです。そして終わりには「終わるよ」って教えてくれるのです。音色って、これが芸術なのだと思います。

楽譜の中には、素敵なお話がたくさん隠れていて、まるで楽譜の中の宝物を探しているような感じでしょうか。

音律の中の言葉探しは、ずいぶんと時間がかかることなのですが、見つかった時はそれはもうとっても素敵なものなのです。ですから私は神様に「これからも何が見つかるかわからないですし、もうちょっと生かしておいてね」って、お願いしております。どこまで、生かしておいてくださるかわかりませんけれど。

以前は、両親が建てた平屋の家に住んでおり、周りは森のように木々に囲まれていました。築80年ほど経っていて、まわりの方から、地震がきたらタンスに倒れて死にますよ、などと言われてたこともあり、それにグランドピアノは2台置けないと困るので、家を新たに建てようと決めたのが80歳を過ぎた頃のことでした。この歳で家を建てるなんて狂っている、なんて言われましたけど。

練習をしておりますと、シューベルトやハイドン、ベートーベンが森の木陰に隠れていて、うまくピタっといったときは、彼らが「いいよ、いいよ」って言ってくれるのです。うまくいかない時は、「ほうら、みろ」と帰ってしまいます。本当に、音楽ってあらゆる不思議さが詰まっていて、探し出せた時の喜びは、それは大変なものなのです。

私の友人は「そんなに研究して勉強もして、でも聞く人にはそんなことはわからないのだから」と言いましたが、私はそんなことは、わからなくって良いと思っております。ただ聞いてくださるだけで、そして「感激できた」、「すごいな」、「素晴らしいな」、「まるでピアノが語りかけてくれたような気がした」、「良い時間を持てたわ」そう思ってくれるだけで十分です。

きっとそんな風に伝わったときには、天才達が、森の木陰から微笑んでくれていると思いますから。

職業として、ピアノを通じて命の尊さに自分が携われることって、本当に有り難いことだと心から思っております。

音楽中心の生活ですが、これからも宝物探しを続けていきたいと思っております。

Profile

1921 年東京生。6 歳よりピアノを始める。41 年、東京音楽学校 (現・東京藝術大学) を首席で卒業し、研究科に進む。45 年、日比谷公会堂で日本交響楽団 (現・N響) ソリストとしてデビュー。56 年、「モーツァルト生誕 200 年記念祭」の日本代表としてウィーンへ。同年、第 1 回ドイツ政府給費留学生に推挙され、ベルリン音楽大学に留学。60 年、ヨーロッパデビュー。以降、海外 13 カ国で演奏を重ね、64 年にはドイツで出版の「世界 150 人のピアニスト」に選ばれる。

21世紀の私の夢

山口英一　1929年生

「まもなく、30番線より23時発モスクワ経由ロンドン行きの国際列車が発車致します」
「お見送りの方は、ホームでお見送りください」
というアナウンスの後、発車ベルと共に10両編成の列車はロンドンに向けて静かに東京駅を発車した。

車内では早速、日本語、ロシア語、ドイツ語、フランス語、英語で北海道、サハリン、シベリア、ユーロー各国経由してロンドンまでの案内が流れ、8日間の列車の旅が始った。

子供のころから鉄道好きな私は、やっと80才の歳を迎えて大地を踏みしめて、ロンドンまで行くことが出来た日である。

この東京発モスクワ経由ロンドン行きの国際列車こそ21世紀の平和の象徴であり、日本とロシアの平和友好条約成立の賜物であると共に21世紀の実現性の高い代表的プロジェクトの成果と言えよう。

私が50年前の1967年、米国デトロイトのフォードモーター中央研究所のF・N・ブーベイ博士と、21世紀のシルクロードについて話しあったことが今でも脳裏に刻み込まれている。当時の米国の自動車メーカーの首脳から見た21世紀のシルクロードはオランダのアムステルダムから中国の上海であった。自動車の市場は二極間を次第に埋めて何れ結ばれると言う構想で、着々と進められていた。

ただこの時、私はこの南のルートには資金、技術のみで計り知れない民族的、宗教的、政治的不安要素を乗り越えなくてはならない問題が多いのではないかと疑問を投げかけた。

私は、もしロシアと米国の冷戦が終結し、日露間に平和友好条約が結ばれれば、日本とロシア、ヨーロッパとは実現可能な3つの海底トンネルによって一本の鉄道で結ばれる。この計画こそが日本にとって最上の策であると信じていた。

ベルリンの壁も取り除かれ、冷戦の時代も過ぎ、たった2国間の話し合いで実現できるこのプロジェクトこそ21世紀のプロジェクトと言えよう。もし21世紀に日露間が鉄道で結ばれれば、国際旅客列車の夢と共に、シベリア、極東の地下資源、産業の開発に日本が積極的に協力することになり、開発された資源、生産された産品は、コンテナ貨物列車で安全な輸送ができ、2国間に大きな利益を生むことは明確である。

私のこの構想が１９９９年ロシア連邦条約、地域政策管理担当のゼレント連邦副議長の賛同を得て、第二次議会決議がなされ、日露間で調査、研究を始めることとなった。

88才を迎えた今日、調査、研究、開発の仕事が自からの使命と信じ、地球環境保護の立場からも、現在ロシアの生産工学並びに地方開発アカデミーの一員として、ロシアと米国を結ぶベーリング海峡、ロシア本土とサハリンを結ぶネベリスキー海峡（間宮海峡）、日本と結ぶ宗谷海峡の事前調査、研究の仕事をしています。私は21世紀に日本とロシアが高度の政治的判断で平和友好条約が結ばれることを心から願っています。

Profile

1929年東京生れ、慶應義塾大学経済学部卒、法務省入省、保護監察官として受刑者の面接審査にあたる。民間企業に転じ日立ハイテクノロジ（株）、日鉱金属商事（株）で新幹線、自動車等の新金属材料、超合金等の開発に従事。更にレアメタル、レアアースの素材開発を行う。海外技術提携、開発援助のためアイキョー　インターナショナル　コンサルタント（株）を設立。（株）五感教育研究所代表取締役社長を兼任、（社）シベリア鉄道国際化委員会会長など務める。

年齢早見表 2017

西暦	元号	年齢
1917年	大正6年	100歳
1918年	大正7年	99歳
1919年	大正8年	98歳
1920年	大正9年	97歳
1921年	大正10年	96歳
1922年	大正11年	95歳
1923年	大正12年	94歳
1924年	大正13年	93歳
1925年	大正14年	92歳
1926年	大正15年	91歳
1927年	昭和2年	90歳
1928年	昭和3年	89歳
1929年	昭和4年	88歳
1930年	昭和5年	87歳
1931年	昭和6年	86歳
1932年	昭和7年	85歳
1933年	昭和8年	84歳
1934年	昭和9年	83歳
1935年	昭和10年	82歳
1936年	昭和11年	81歳
1937年	昭和12年	80歳
1938年	昭和13年	79歳
1939年	昭和14年	78歳
1940年	昭和15年	77歳

〈著者プロフィール〉

ブレインワークスグループ

創業以来、中小企業を中心とした経営支援を手がけ、ＩＣＴ活用支援、セキュリティ対策支援、業務改善支援、新興国進出支援、ブランディング支援などの多様なサービスを提供する。ＩＣＴ活用支援、セキュリティ支援などのセミナー開催も多数。特に企業の変化適応型組織への変革を促す改善提案、社内教育に力を注いでいる。一方、活動拠点のあるベトナムにおいては建設分野、農業分野、ＩＣＴ分野などの事業を推進し、現地大手企業へのコンサルティングサービスも手がける。２０１６年からはアジアのみならず、アフリカにおけるビジネス情報発信事業をスタート。アフリカ・ルワンダ共和国にも新たな拠点を設立している。

http://www.bwg.co.jp/

もし、77歳以上の波平が77人集まったら？　私たちは生涯現役！

2017年2月20日〔初版第1刷発行〕

著　　者　ブレインワークス　編著

発 行 者　佐々木 紀行

発 行 所　株式会社カナリアコミュニケーションズ
〒141-0031　東京都品川区西五反田6-2-7 ウエストサイド五反田ビル3F
TEL　03-5436-9701　FAX　03-3491-9699
http://www.canaria-book.com

印 刷 所　本郷印刷株式会社

装　　丁　福田　啓子

D T P　伏田 光宏（F's factory）

ISBN978-4-7782-0377-1 C0034

カナリアコミュニケーションズの書籍ご案内

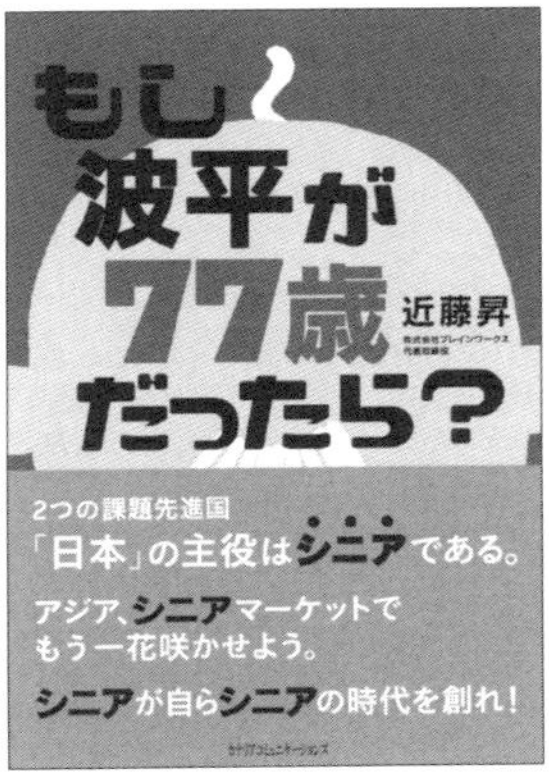

2016年1月15日発刊
価格　1400円（税別）
ISBN978-4-7782-0318-4

もし波平が77歳だったら？

近藤 昇 著

人間は知らないうちに固定観念や思い込みの中で生き、自ら心の中で定年を迎えているということがある。

オリンピックでがんばる選手から元気をもらえるように、同世代の活躍を知るだけでシニア世代は元気になる。

ひとりでも多くのシニアに新たな希望を与える1冊。

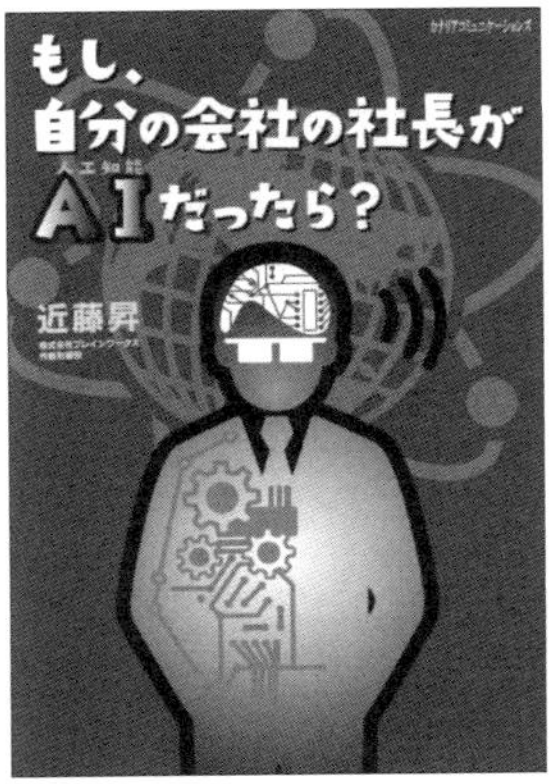

2016年10月15日発刊
価格 1300円（税別）
ISBN978-4-7782-0369-6

もし、自分の会社の社長がＡＩだったら？

近藤　昇 著

ＡＩ時代を迎える日本人と日本企業へ捧げる提言。

実際に社長が日々行っている仕事の大半は、現場把握、情報収集・判別、ビジネスチャンスの発掘、リスク察知など。その中でどれだけＡＩが代行できる業務があるだろうか。

10年先を見据えた企業とＡＩの展望を示し、これからの時代に必要とされるＩＣＴ活用とは何かを語り尽くす。

カナリアコミュニケーションズの書籍ご案内

2016 年 7 月 31 日発刊
価格　1200 円（税別）
ISBN978-4-7782-0362-7

吉野川に生きる
ふるさと徳島を愛し、郷土に生きる人々の横顔

吉野川に生きる会／ブレインワークス 著

徳島を愛し、吉野川を愛する人たちの故郷に対する熱い思いを凝縮。
吉野川の素晴らしさ、阿波の歴史の奥深さを知るには最高の１冊。
郷土を愛し、郷土に生きる人々の横顔を紹介。
本当の地域再生とは何か。徳島に生きる、吉野川に生きる人たちの
活動にそのヒントが隠されている。

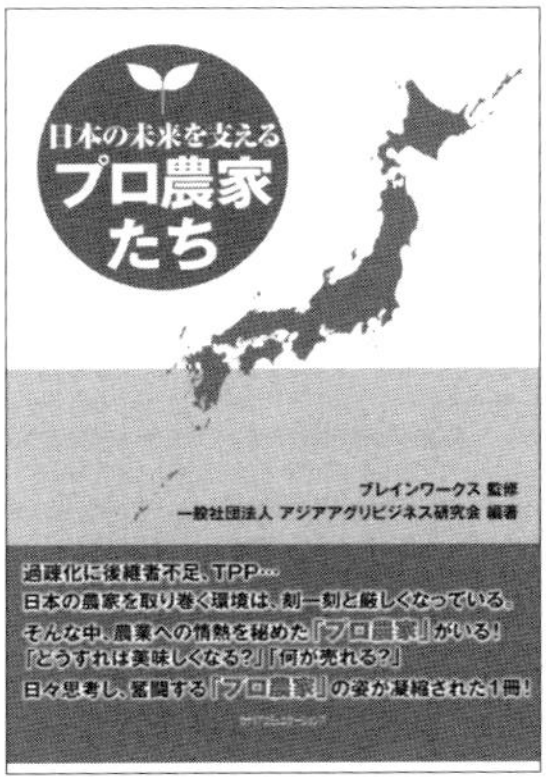

2015 年 11 月 30 日発刊
価格　1200 円（税別）
ISBN978-4-7782-0319-1

日本の未来を支えるプロ農家たち

ブレインワークス／一般社団法人アジアアグリビジネス研究会 編著

人口減少化が進み、国内市場はさらに縮小することが予想される日本の農業。衰退産業と思われるなかで、新しいビジネスモデルを目指して挑戦する農家にスポットライトを当て、これからの農業のあり方を問う。

過疎化に後継者不足、ＴＰＰ…

日本の農家を取り巻く環境は、刻一刻と厳しくなっている。

そんななか、農業への情熱を秘めた「プロ農家」がいる！

「どうすれば美味しくなる？」「何が売れる？」

日々思考し、奮闘する「プロ農家」の姿が凝縮された１冊！

カナリアコミュニケーションズの書籍ご案内

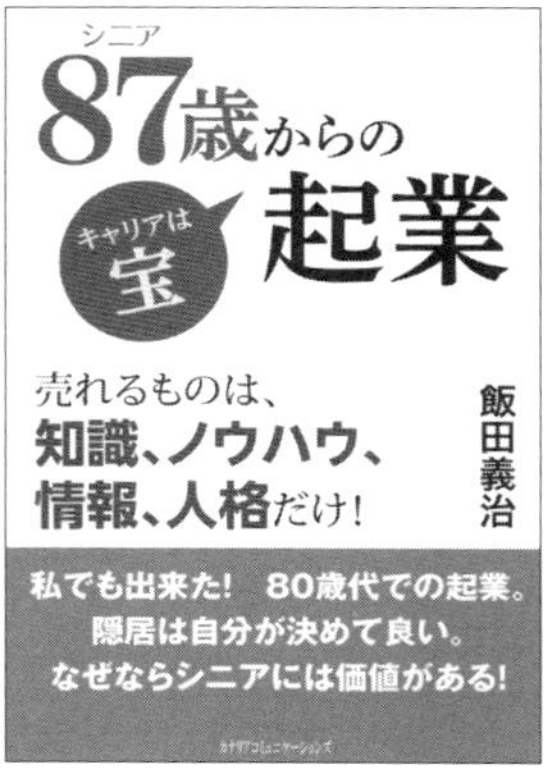

2016年11月25日発刊
価格　1300円（税別）
ISBN978-4-7782-0372-6

８７歳からの起業
キャリアは宝！売れるものは、知識、ノウハウ、情報、人格だけ！

飯田　義治 著

私でも出来た！　80歳代での起業。隠居は自分が決めて良い。

なぜならシニアには価値がある！平均寿命が長くなった今、定年を間近にし果たしてすぐに隠居生活が送れるでしょうか？

生きがい、張り合いの求め方は千差万別です。

このお話は、ビジネスが好きで退職後も転職を繰り返し、87歳で起業した著者のノンフィクションです。起業の方法はたくさんありますが、シニア起業に関わる情報がまだまだ少ない昨今、起業のヒントはサラリーマンにとって大切な３つのことがポイントでした。

2016年5月31日発刊
価格　1400円（税別）
ISBN978-4-7782-0359-7

大真面目に波瀾万丈人生
～シニアになっても直球勝負

田中　和雄 著

自分の人生は自分でしか作れない。

新潟県山古志村から出て世界を駆け巡り、ミャンマーに行き着くまでの「振り返れば波瀾万丈の人生」から自分流の人生の作り方を読み解く‼

人生80歳でも100歳でも生きるかぎり、自分流を貫いていけば誰でも波瀾万丈の人生となる。年を重ねるほどに、経験と知識と人脈が増え、やりたいことも増えてくる。

んな生き方を実践した著者から自分流の人生の作り方を学べる１冊！